I0167793

CRIMSON SAILS
English/Russian
Bilingual Edition

Alexander Grin

Edited by

Amanda Bosworth

Translated by

Irina Lobatcheva, Vladislav Lobatchev

Parallel Worlds' Books

Copyright © 2011 Irina Lobatcheva, Vladislav Lobatchev

All rights reserved

ISBN: 0992055970
ISBN-13: 9780992055974

DEDICATION

Presented and dedicated to Nina
Nikolayevna Grin
Alexander Grin, Petrograd, November
23, 1922

Нине Николаевне Грин
подносит и посвящает
Автор. Пбг, 23 ноября 1922 г.

CONTENTS

1 PROPHECY

Longren, a seaman from the *Orion*, a solid three-hundred-ton brig on which he had served for ten years, grew attached to the ship stronger than sons to their mothers, but had to leave his duty at last.

This is how it happened.

In one of his rare returns home to the village of Kaperna, he did not see as he used to—always from afar—his wife Mary in the doors of their house, waving and gaspingly running to him. Instead, an agitated woman, their neighbor, met him at a child's crib—a new piece of furniture in Longren's small house.

"For three months I nursed her, old man," she said, "look at your daughter."

Growing pale, Longren leaned over and saw an eight-month-old creature gazing at his long beard. Then he sat down, lowered his head, and began twirling his mustache. The mustache was wet as if

1 ПРЕДСКАЗАНИЕ

Лонгрен, матрос Ориона, крепкого трехсоттонного брига, на котором он прослужил десять лет и к которому был привязан сильнее, чем иной сын к родной матери, должен был, наконец, покинуть службу.

Это произошло так.

В одно из его редких возвращений домой, он не увидел, как всегда еще издали, на пороге дома свою жену Мери, всплескивающую руками, а затем бегущую навстречу до потери дыхания. Вместо нее, у детской кроватки – нового предмета в маленьком доме Лонгрена – стояла взволнованная соседка.

"Три месяца я ходила за нею, старик," сказала она, "посмотри на свою дочь."

Мертвея, Лонгрен наклонился и увидел восьмимесячное существо, сосредоточенно взиравшее на его длинную бороду, затем сел, потупился и стал крутить ус. Ус был мокрый, как

after rain.

"When did Mary pass away?" he asked.

The woman told her sad story, distracting herself to lisp tenderly at the baby and to repeatedly reassure Longren that Mary was in heaven. When Longren had heard the details, such a heaven seemed to him not much brighter than the inside of a woodshed. He thought that the true heaven for her who had gone into the unknown would be a simple life under the light of a lamp, all three of them together now.

About three months ago, the young mother had depleted her savings. Of the money left to her by Longren, a good half went to a doctor to pay for a difficult delivery and for the health care of the newborn. Then, the loss of a small but essential-for-survival remainder had forced Mary to ask for a loan from Manners, the owner of the tavern and the shop in their village, a wealthy man by local measures.

Mary went to speak to him at six in the evening. In about an hour, the neighbor met her on the road to the nearby Town of Liss. Mary, desperate and in tears, said to the neighbor woman that she was going to the town to pawn her wedding ring. She added that Manners would agree to lend her money only in return for her love. She had rejected him, and

от дождя.

"Когда умерла Мери?" спросил он.

Женщина рассказала печальную историю, перебивая рассказ умильным гульканием девочке и уверениями, что Мери в раю. Когда Лонгрен узнал подробности, рай показался ему немного светлее дровяного сарая, и он подумал, что огонь простой лампы – будь теперь они все вместе, втроем – был бы для ушедшей в неведомую страну женщины незаменимой отрадой.

Месяца три назад хозяйственные дела молодой матери были совсем плохи. Из денег, оставленных Лонгреном, добрая половина ушла на лечение после трудных родов, на заботы о здоровье новорожденной; наконец, потеря небольшой, но необходимой для жизни суммы заставила Мери попросить в долг денег у Меннерса. Меннерс держал трактир, лавку и считался состоятельным человеком.

Мери пошла к нему в шесть часов вечера. Около семи рассказчица встретила ее на дороге к Лиссу. Заплаканная и расстроенная Мери сказала, что идет в город заложить обручальное кольцо. Она прибавила, что Меннерс соглашался дать денег, но требовал за это любви. Мери ничего не добилась.

failed to obtain a loan.

"We don't have a breadcrumb in the house," she said to her neighbor. "I'm going to town, and I will find a way to get along until my husband comes home."

That night was cold and windy; the neighbor tried to persuade the young woman not to go to Liss in the night. "You will get wet to the skin, Mary; it's spitting rain, and this wind is going to bring downpours."

From the seaside village to the town and back was no less than three hours of fast walking, but Mary did not listen to the woman's advice. "Enough of me being an eyesore to you," she said. "There isn't a single house nearby where I haven't borrowed bread, tea, or flour. Enough talking, I'll pawn the ring." She went to the town, came back, and fell ill in fever and delirium next day. Bad weather and evening drizzle struck her with two-sided pneumonia, as a town doctor, invited by the good-hearted neighbor, had said.

A week later one-half of Longren's double bed became empty, and the neighbor woman moved into his house to nurse and feed his child. To her, a lonely widow, the baby girl was not a

"У нас в доме нет даже крошки съестного," сказала она соседке. "Я схожу в город, и мы с девочкой перебьемся как-нибудь до возвращения мужа."

В этот вечер была холодная, ветреная погода; рассказчица напрасно уговаривала молодую женщину не ходить в Лисе к ночи. "Ты промокнешь, Мери, накрапывает дождь, а ветер, того и гляди, принесет ливень."

Взад и вперед от приморской деревни в город составляло не менее трех часов скорой ходьбы, но Мери не послушалась советов рассказчицы. "Довольно мне колоть вам глаза," сказала она, "и так уж нет почти ни одной семьи, где я не взяла бы в долг хлеба, чаю или муки. Заложу колечко, и кончено." Она сходила, вернулась, а на другой день слегла в жару и бреду; непогода и вечерняя изморось сразила ее двухсторонним воспалением легких, как сказал городской врач, вызванный добросердной рассказчицей.

Через неделю на двуспальной кровати Лонгрена осталось пустое место, а соседка переселилась в его дом нянчить и кормить девочку. Ей, одинокой вдове, это было не трудно.

burden. "Besides," she added, "I would be bored without the silly little one."

Longren came to town, took his final pay, said "goodbye" to his mates, and returned home to raise his little Soll. While the baby could not yet walk confidently, the neighbor widow lived in the sailor's house as a foster mother; but as soon as Soll began crossing the threshold without falling down, Longren decided he would do everything himself for the girl. Having thanked the neighbor for her compassion, Longren began to live the lonely life of a widower, focusing all of his thoughts, hopes, memories, and love on the little creature.

Ten years of sailing had brought him very little money. He became a tradesman. Soon town shops started selling his toys: neatly-made small models of rowboats, motorboats, single- and double-deck schooners, cruisers, and steamers. He knew these things closely, and they partially helped him to cope with longing for uproar of seaports and picturesque life on the sea. Longren was earning enough to make ends meet.

Not very social by nature, after his wife's death he became even more lonely and

"К тому же," прибавила она, "без такого несмышленыша скучно."

Лонгрен поехал в город, взял расчет, простился с товарищами и стал растить маленькую Ассоль. Пока девочка не научилась твердо ходить, вдова жила у матроса, заменяя сиротке мать, но лишь только Ассоль перестала падать, занося ножку через порог, Лонгрен решительно объявил, что теперь он будет сам все делать для девочки, и, поблагодарив вдову за деятельное сочувствие, зажил одинокой жизнью вдовца, сосредоточив все помыслы, надежды, любовь и воспоминания на маленьком существе.

Десять лет скитальческой жизни оставили в его руках очень немного денег. Он стал работать. Скоро в городских магазинах появились его игрушки — искусно сделанные маленькие модели лодок, катеров, однопалубных и двухпалубных парусников, крейсеров, пароходов — словом, того, что он близко знал, что, в силу характера работы, отчасти заменяло ему грохот портовой жизни и живописный труд плаваний. Этим способом Лонгрен добывал столько, чтобы жить в рамках умеренной экономии.

Малообщительный по натуре, он, после смерти жены, стал еще

reclusive. Rarely he was seen in the village's tavern on a holiday, and even then he never sat down but hurriedly drank a glass of vodka at the bar and left, briefly throwing around short "yes," "no," "hello," "goodbye," and "not bad" to the greetings and nods of his neighbors. He could not tolerate guests and quietly showed them out—not by force, but by inventing such allusions and fictional circumstances that they were left with no choice but to come up with an excuse for leaving.

He himself did not visit anyone; thus, soon cold alienation separated him from his fellow villagers. Had Longren's handicraft—toys—been more dependent on the villagers, he would have felt the consequences of such relations. But his goods and food he bought from the town; Manners could not brag about selling him even a box of matches. Also, Longren himself did all the housework and patiently passed through the difficult, unmanly art of rearing a daughter.

Soll was five, and her father smiled more and more softly looking at her expressive, gentle face as she sat on his lap, working to uncover the secret to

замкнутее и нелюдимее. По праздникам его иногда видели в трактире, но он никогда не присаживался, а торопливо выпивал за стойкой стакан водки и уходил, коротко бросая по сторонам "да", "нет", "здравствуйте", "прощай", "помаленьку" – на все обращения и кивки соседей. Гостей он не выносил, тихо спроваживая их не силой, но такими намеками и вымышленными обстоятельствами, что посетителю не оставалось ничего иного, как выдумать причину, не позволяющую сидеть дольше.

Сам он тоже не посещал никого; таким образом меж ним и земляками легло холодное отчуждение, и будь работа Лонгрена – игрушки – менее независима от дел деревни, ему пришлось бы ощутительнее испытать на себе последствия таких отношений. Товары и съестные припасы он закупал в городе – Меннерс не мог бы похвастаться даже коробкой спичек, купленной у него Лонгреном. Он делал также сам всю домашнюю работу и терпеливо проходил несвойственное мужчине сложное искусство ращения девочки.

Ассоль было уже пять лет, и отец начинал все мягче и мягче улыбаться, посматривая на ее нервное, доброе личико, когда, сидя у него на коленях,

unbuttoning his vest or singing funny sailors' chants of wild, rollicking rhythms. In her childish voice with the oft-missed "r", these chants would make one think of a dancing bear, adorned with a light-blue ribbon. At about this time something happened, and its dark shadow, having fallen on the father, affected the daughter as well.

It was early spring—still severe as winter, but in a different way. For about three weeks a biting offshore north wind held its teeth into the cold ground.

Fishing boats, pulled ashore, formed a long row of dark keels on the white sands, resembling the fins of a huge sea monster. No one dared to go out fishing in such weather. The only street in the village was deserted; the icy whirlwind, blowing from the coastal hills down into the emptiness of the horizon, made being in the open air a torture. All of Kaperna's chimneys worked from dawn till dusk, and smoke fluttered on the steep rooftops.

But the days of north wind lured Longren out of his warm little house more often than the sun did, when it threw veils of airy gold over the sea and Kaperna on a clear day. Longren strolled along the wooden walkway, smoked his

она трудилась над тайной застегнутого жилета или забавно напевала матросские песни – дикие ревостишия. В передаче детским голосом и не везде с буквой "р" эти песенки производили впечатление танцующего медведя, украшенного голубой ленточкой. В это время произошло событие, тень которого, павшая на отца, укрыла и дочь.

Была весна, ранняя и суровая, как зима, но в другом роде. Недели на три припал к холодной земле резкий береговой норд.

Рыбачьи лодки, повытащенные на берег, образовали на белом песке длинный ряд темных килей, напоминающих хребты громадных рыб. Никто не отваживался заняться промыслом в такую погоду. На единственной улице деревушки редко можно было увидеть человека, покинувшего дом; холодный вихрь, несшийся с береговых холмов в пустоту горизонта, делал "открытый воздух" суровой пыткой. Все трубы Каперны дымились с утра до вечера, трепля дым по крутым крышам.

Но эти дни норда выманивали Лонгрена из его маленького теплого дома чаще, чем солнце, забрасывающее в ясную погоду море и Каперну покрывалами воздушного золота. Лонгрен выходил на мостик,

pipe at the end of the plank pier - the smoke was blown away by the wind - and watched the bare sea bottom steaming gray foam that hardly kept pace with the waves. These waves, which rattled to the black, stormy horizon, filled the space with herds of long-maned fantastical creatures striving in fierce unbridled desperation for their distant consolation.

Moans and creaks, howling shots of massive waves, and almost visible whirlwinds—so forceful in their free reign that they whipped across the vicinity—dulled and deafened Longren's tormented soul, bringing down his sorrow to a vague sadness and offering up the tranquility of a deep sleep.

On one of those days, Hin, Manners' son of twelve, noting that their boat was bumping into the pilings under the pier and its sides being broken, told his father about this. The storm began recently, and Manners had forgotten to pull the boat onto the sand. Hin's father rushed to the water, where he noticed Longren smoking at the end of the pier with his back to Manners. There was no one else in sight.

Manners went to the middle of the pier, got down into the furiously sloshing

настланный по длинным рядам свай, где, на самом конце этого дощатого мола, подолгу курил раздуваемую ветром трубку, смотря, как обнаженное у берегов дно дымилось седой пеной, еле поспевающей за валами, грохочущий бег которых к черному, штормовому горизонту наполнял пространство стадами фантастических гривастых существ, несущихся в разнузданном свирепом отчаянии к далекому утешению.

Стоны и шумы, завывающая пальба огромных взлетов воды и, казалось, видимая струя ветра, полосующего окрестность, – так силен был его ровный пробег, – давали измученной душе Лонгрена ту притупленность, оглушенность, которая, низводя горе к смутной печали, равна действием глубокому сну.

В один из таких дней двенадцатилетний сын Меннерса, Хин, заметив, что отцовская лодка бьется под мостками о сваи, ломая борта, пошел и сказал об этом отцу. Шторм начался недавно; Меннерс забыл вывести лодку на песок. Он немедленно отправился к воде, где увидел на конце мола, спиной к нему стоявшего, куря, Лонгрена. На берегу, кроме их двух, никого более не было.

Меннерс прошел по мосткам до середины, спустился в бешено-

water, and untied the guyline holding the boat. Standing in the boat, he gripped the pilings one by one, making his way to the bank. He did not take his oars, and at the moment when he, reeling, missed his grab on the next piling, a strong gust of wind blew the boat away from the pier and into the sea. Now, even if he had stretched out fully, Manners could not have reached the closest piling. The wind and waves carried the boat, rocking, off into the fatal openness.

Conscious of his dangerous situation, Manners wanted to jump into the water and swim ashore, but he was too late in making this decision. The boat already revolved near the end of the pier, where the water's depth and the waves' fury promised sure death. There were no more than ten feet between Longren and Manners, who was being driven away with the storm. A coiled rope with a woven load hung on the pier at Longren's hand, making Manners' rescue still possible. The rope was there for docking in bad weather and could be thrown from the pier to a boat in need of landing.

"Longren!" Manners shouted in mortal terror. "Why are you standing there like a tree stump? Don't you see? I am being carried off; throw me the rope!"

Longren kept silence while gazing calmly at Manners, who flounced about the

плещущую воду и отвязал шкот; стоя в лодке, он стал пробираться к берегу, хватаясь руками за сваи. Весла он не взял, и в тот момент, когда, пошатнувшись, упустил схватиться за очередную сваю, сильный удар ветра швырнул нос лодки от мостков в сторону океана. Теперь даже всей длиной тела Меннерс не мог бы достичь самой ближайшей сваи. Ветер и волны, раскачивая, несли лодку в гибельный простор.

Сознав положение, Меннерс хотел броситься в воду, чтобы плыть к берегу, но решение его запоздало, так как лодка вертелась уже недалеко от конца мола, где значительная глубина воды и ярость валов обещали верную смерть. Меж Лонгреном и Меннерсом, увлекаемым в штормовую даль, было не больше десяти сажен еще спасительного расстояния, так как на мостках под рукой у Лонгрена висел сверток каната с вплетенным в один его конец грузом. Канат этот висел на случай причала в бурную погоду и бросался с мостков.

"Лонгрен!" закричал смертельно перепуганный Меннерс. "Что же ты стал, как пень? Видишь, меня уносит; брось причал!"

Лонгрен молчал, спокойно смотря на метавшегося в лодке Меннерса, только

boat. The sailor just huffed heavier on his pipe and, after some hesitation, took it out of his mouth to see better what was happening.

"Longren!" Manners begged. "You've heard me; I am going down. Save me!"

But Longren was silent as if he had not heard the desperate cry. Until the boat had drifted so far away that Manners' one-word cries were barely audible, Longren did not even shift his weight from one foot to the other. Manners sobbed in terror, begged the sailor to rush to the fishermen for help, offered money, threatened him, cursed him, but Longren only moved closer to the edge of the pier so as not to lose sight of the boat's nose-diving.

"Longren!" reached him indistinctly as if through a wall, "save me!" Then, with a deep breath so that a single word would not be lost in the wind, Longren shouted, "She had begged you the same way! Think of it while you are still alive, Manners!"

Then the cries ceased, and Longren went home. Soll, awakened, saw her father sitting before a fading lamp, deep in thought. Hearing his child's voice, he approached her, kissed fondly, and covered with a crumpled blanket.

его трубка задымила сильнее, и он, помедлив, вынул ее из рта, чтобы лучше видеть происходящее.

"Лонгрен!" взывал Меннерс. "Ты ведь слышишь меня, я погибаю, спаси!"

Но Лонгрен не сказал ему ни одного слова; казалось, он не слышал отчаянного вопля. Пока не отнесло лодку так далеко, что еле долетали слова-крики Меннерса, он не переступил даже с ноги на ногу. Меннерс рыдал от ужаса, заклинал матроса бежать к рыбакам, позвать помощь, обещал деньги, угрожал и сыпал проклятиями, но Лонгрен только подошел ближе к самому краю мола, чтобы не сразу потерять из вида метания и скачки лодки.

"Лонгрен, – донеслось к нему глухо, как с крыши – сидящему внутри дома, – спаси!" Тогда, набрав воздуха и глубоко вздохнув, чтобы не потерялось в ветре ни одного слова, Лонгрен крикнул: "Она так же просила тебя! Думай об этом, пока еще жив, Меннерс, и не забудь!"

Тогда крики умолкли, и Лонгрен пошел домой. Ассоль, проснувшись, увидела, что отец сидит пред угасающей лампой в глубокой задумчивости. Услышав голос девочки, звавшей его, он подошел к

"Sleep, my dear child," he said, "It is still too early."

"What are you doing?"

"I've done a bad thing; now sleep!"

The next day everyone in Kaperna talked about missing Manners. They brought him back, dying and spiteful, in five days. His story quickly reached every local village. Manners was drifting with the storm until sunset; he was beaten against the sides and bottom of the boat during his fearful fight with ferocious waves that tirelessly threatened to throw the terrified shopkeeper into the sea. Manners had been picked up by ship *Lucretia* that was going to the Town of Kasset. Cold shock and horror Manners had gone through ended his days. He lived a little less than forty-eight hours, calling down on Longren every disaster on earth imaginable and unimaginable.

Manners' story of the sailor watching his death and refusing to help smote the villagers of Kaperna, and it was all the more convincing because the dying man was chocking and moaning. Naturally, very few of them ever experienced an insult greater than Longren sustained or

ней, крепко поцеловал и прикрыл сбившимся одеялом.

"Спи, милая," сказал он, "до утра еще далеко."

"Что ты делаешь?"

"Черную игрушку я сделал, Ассоль, — спи!"

На другой день только и разговоров было у жителей Каперны, что о пропавшем Меннерсе, а на шестой день привезли его самого, умирающего и злобного. Его рассказ быстро облетел окрестные деревушки. До вечера носило Меннерса; разбитый сотрясениями о борта и дно лодки, за время страшной борьбы с свирепостью волн, грозивших, не уставая, выбросить в море обезумевшего лавочника, он был подобран пароходом Лукреция, шедшим в Кассет. Простуда и потрясение ужаса прикончили дни Меннерса. Он прожил немного менее сорока восьми часов, призывая на Лонгрена все бедствия, возможные на земле и в воображении.

Рассказ Меннерса, как матрос следил за его гибелью, отказав в помощи, красноречивый тем более, что умирающий дышал с трудом и стонал, поразил жителей Каперны. Не говоря уже о том, что редкий из них способен был помнить оскорбление и

grieved as much as Longren mourned for Mary; that was why they were struck and disgusted by Longren's ungraspable silence. Longren had stood at the pier motionless, stern and silent as a judge, until he said his last words to Manners, revealing his profound contempt for him. More than hatred was in the sailor's silence, and they all felt it. If he had shouted, expressing his joy through gestures, or had shown his triumph at the sight of desperate Manners in some other way, the fishermen would have understood him. But he had behaved differently. He had acted extraordinary, inconceivably, and by that he had put himself above the others; in short, he had done something unforgivable.

Since then, no one greeted him, shook his hand, or cast a recognizing, welcoming glance at him. He was left forever aloof from the village affairs. Boys, seeing him, shouted after, "Longren drowned Manners!" He did not pay attention to them. Likewise, he did not seem to notice that in the tavern or on the beach among the boats, fishermen kept silence in his presence, moving away from him as from a plague. The Manners' case had strengthened his previously partial isolation. Becoming complete, it caused a strong mutual

более тяжкое, чем перенесенное Лонгреном, и горевать так сильно, как горевал он до конца жизни о Мери, — им было отвратительно, непонятно, поражало их, что Лонгрен молчал. Молча, до своих последних слов, посланных вдогонку Меннерсу, Лонгрен стоял; стоял неподвижно, строго и тихо, как судья, выказав глубокое презрение к Меннерсу — большее, чем ненависть, было в его молчании, и это все чувствовали. Если бы он кричал, выражая жестами или суетливостью злорадства, или еще чем иным свое торжество при виде отчаяния Меннерса, рыбаки поняли бы его, но он поступил иначе, чем поступали они — поступил внушительно, непонятно и этим поставил себя выше других, словом, сделал то, чего не прощают.

Никто более не кланялся ему, не протягивал руки, не бросал узнающего, здоровающегося взгляда. Совершенно навсегда остался он в стороне от деревенских дел; мальчишки, завидев его, кричали вдогонку: "Лонгрен утопил Меннерса!". Он не обращал на это внимания. Так же, казалось, он не замечал и того, что в трактире или на берегу, среди лодок, рыбаки умолкали в его присутствии, отходя в сторону, как от зачумленного. Случай с Меннерсом закрепил ранее неполное

hatred, whose shadow fell on Soll.

The girl grew up without friends. There were two or three dozen children of her age in Kaperna. Soaked with belief in their parents' absolute authority like a sponge with water, they parroted the adults like all children in the world, and struck little Soll out of their circle once and forever. This happened, of course, gradually; through warnings and reprimands by the parents, playing with Soll became a dreaded no-no; then, amplified by tattles and rumors, the feeling grew in the children's minds into the fear of the sailor's house.

Besides, Longren's secluded way of life set loose hysterical gossips; they used to say that the sailor murdered someone somewhere and nobody wanted to employ him on a ship any longer; they thought his gloom and unwillingness to socialize stemmed from the pricks of his conscience. When playing, children chased Soll out if she approached them, threw mud at her, and taunted her by saying that her father ate human flesh and made counterfeit money.

отчуждение. Став полным, оно вызвало прочную взаимную ненависть, тень которой пала и на Ассоль.

Девочка росла без подруг. Два-три десятка детей ее возраста, живших в Каперне, пропитанной, как губка водой, грубым семейным началом, основой которого служил непоколебимый авторитет матери и отца, переимчивые, как все дети в мире, вычеркнули раз — навсегда маленькую Ассоль из сферы своего покровительства и внимания. Совершилось это, разумеется, постепенно, путем внушения и окриков взрослых приобрело характер страшного запрета, а затем, усиленное пересудами и кривотолками, разрослось в детских умах страхом к дому матроса.

К тому же замкнутый образ жизни Лонгрена освободил теперь истерический язык сплетни; про матроса говаривали, что он где-то кого-то убил, оттого, мол, его больше не берут служить на суда, а сам он мрачен и нелюдим, потому что «терзается угрызениями преступной совести». Играя, дети гнали Ассоль, если она приближалась к ним, швыряли грязью и дразнили тем, что будто отец ее ел человеческое мясо, а теперь делает фальшивые деньги.

One after another, her naive attempts to join them ended in bitter tears, bruises, scratches, and other manifestations of the public opinion; she stopped caring at last, but still sometimes asked her father, "Please tell me, why they don't like us?"

"Soll, my dear," Longren replied, "Are they able to love? One needs to be able to love, and they aren't."

"What do you mean--be able to love?"

"This is what!" He took the little girl into his arms and kissed her sad eyes so that she squinted from gentle pleasure.

Soll's favorite entertainment was to climb up on her father's knees, when he, putting aside cans of glue, tools, unfinished work, and taking off his apron, sat down to rest with a pipe in his mouth. Twirling in her father's caring hands, she touched various parts of the toys, asking about their purposes.

Thus began their fantastic lessons, based on Longren's former experience, about life and people, where chance, bizarre happenings, and amazing and extraordinary events played a key role. Longren, telling his child names of

Одна за другой, наивные ее попытки к сближению оканчивались горьким плачем, синяками, царапинами и другими проявлениями общественного мнения; она перестала, наконец, оскорбляться, но все еще иногда спрашивала отца: "Скажи, почему нас не любят?"

"Э, Ассоль," говорил Лонгрен, "разве они умеют любить? Надо уметь любить, а этого-то они не могут."

"Как это – уметь?"

"А вот так!" Он брал девочку на руки и крепко целовал грустные глаза, жмурившиеся от нежного удовольствия.

Любимым развлечением Ассоль было по вечерам или в праздник, когда отец, отставив банки с клейстером, инструменты и неоконченную работу, садился, сняв передник, отдохнуть, с трубкой в зубах, – забраться к нему на колени и, вертясь в бережном кольце отцовской руки, трогать различные части игрушек, расспрашивая об их назначении.

Так начиналась своеобразная фантастическая лекция о жизни и людях – лекция, в которой, благодаря прежнему образу жизни Лонгрена, случайностям, случаю вообще, – диковинным, поразительным и

rigging, sails, and other parts of a boat, was gradually carried away, moving from explanations to various episodes, in which a windlass or a steering wheel, or a mast and such were involved. From these episodes he used to shift to a broad picture of sea voyages, interweaving superstition into reality and mixing the imaginative with the real.

There came a tiger cat, always the messenger of a shipwreck, and the talking bat fish, not to obey the orders of which would mean to go astray in one's course, and the *Flying Dutchman* with his boisterous crew, omens, ghosts, mermaids, pirates - in short, all the fables which usually captivated sailors' leisure in times of calm or in a favorite tavern.

Longren narrated about shipwrecked crews gone wild and forgotten how to speak, about mysterious treasures, riots of convicts, and many other things, about which his daughter listened more intently than, perhaps, medieval audience hearing for the first time Columbus' story of discovery of a new continent. "Please tell me more," Soll asked when Longren stopped talking, being lost in

необыкновенным событиям отводилось главное место. Лонгрен, называя девочке имена снастей, парусов, предметов морского обихода, постепенно увлекался, переходя от объяснений к различным эпизодам, в которых играли роль то брашпиль, то рулевое колесо, то мачта или какой-нибудь тип лодки и т. п., а от отдельных иллюстраций этих переходил к широким картинам морских скитаний, вплетая суеверия в действительность, а действительность – в образы своей фантазии.

Тут появлялась и тигровая кошка, вестница кораблекрушения, и говорящая летучая рыба, не послушаться приказаний которой значило сбиться с курса, и Летучий Голландец с неистовым своим экипажем; приметы, привидения, русалки, пираты – словом, все басни, коротающие досуг моряка в штиле или излюбленном кабаке.

Рассказывал Лонгрен также о потерпевших крушение, об одичавших и разучившихся говорить людях, о таинственных кладах, бунтах каторжников и многом другом, что выслушивалось девочкой внимательнее, чем может быть слушался в первый раз рассказ Колумба о новом материке. "Ну, говори еще," просила Ассоль, когда

thought, and she used to fall asleep leaning against his chest with her mind full of marvelous dreams.

Soll visibly enjoyed when a clerk from a town's toy shop, which used to buy Longren's work, visited them. To appease her father and strike a good deal, the clerk treated the girl to a couple of apples, a sweet pie, or a fistful of nuts. Longren did not like to bargain and usually asked modest price for his toys, but the clerk often lowered it further.

Longren used to say, "Well, I spent a week making this boat. (The ship was ten inches long.) "Look how durable it is; see its draught and its quality! It will keep fifteen people afloat in any weather." In the end, the daughter's quiet romping and purring over her apple softened Longren's resistance and willpower to argue; he conceded, and the clerk, stuffing his basket with excellent, quality toys and laughing into his mustache, left the sailor's house.

Longren himself did all the house work: chopped wood, fetched water, lit the stove, cooked, washed and ironed clothes, and beside all this, he managed to craft toys to earn money. When Soll was eight, her father taught her to read and write. He started taking her to town

Лонгрен, задумавшись, умолкал, и засыпала на его груди с головой, полной чудесных снов.

Также служило ей большим, всегда материально существенным удовольствием появление приказчика городской игрушечной лавки, охотно покупавшей работу Лонгрена. Чтобы задобрить отца и выторговать лишнее, приказчик захватывал с собой для девочки пару яблок, сладкий пирожок, горсть орехов. Лонгрен обыкновенно просил настоящую стоимость из нелюбви к торгу, а приказчик сбавлял.

"Эх, вы," говорил Лонгрен, "да я неделю сидел над этим ботом." Бот был пятивершковый. "Посмотри, что за прочность, а осадка, а доброта? Бот этот пятнадцать человек выдержит в любую погоду." Кончалось тем, что тихая возня девочки, мурлыкавшей над своим яблоком, лишала Лонгрена стойкости и охоты спорить; он уступал, а приказчик, набив корзину превосходными, прочными игрушками, уходил, посмеиваясь в усы.

Всю домовую работу Лонгрен исполнял сам: колол дрова, носил воду, топил печь, стряпал, стирал, гладил белье и, кроме всего этого, успевал работать для денег. Когда Ассоль исполнилось восемь лет, отец выучил ее читать и писать. Он стал

at times and then sending her alone to the town shop if they needed to borrow money from them or to deliver a new toy.

This did not happen often: though Liss was only two miles away from Kaperna, the road to it was through the woods, and plenty of things could frighten a child there, besides the physical danger, which was unlikely so close to town, but still possible. Therefore, Longren allowed Soll to walk to town alone only on lovely mornings, when the roadside thicket was full of sunny rays, flowers, and quietness, and the phantoms of her imagination would not threaten her sensibility.

Once, halfway to town, the girl sat down by the roadside to have a piece of pie from her basket for lunch. While eating, she rifled through her toys. Two or three were new to her; Longren had made them last night. One of the new toys was a miniature racing yacht; the white ship lifted up crimson sails made from scraps of silk, which Longren had used for the inside of a steamer's cabins in a toy for a rich buyer. Apparently, having finished the yacht, he found no suitable fabric for the sails and used what he had - the scraps of crimson silk. Soll came to admire it. The flaming, joyful

изредка брать ее с собой в город, а затем посылать даже одну, если была надобность перехватить денег в магазине или снести товар.

Это случалось не часто, хотя Лиссе лежал всего в четырех верстах от Каперны, но дорога к нему шла лесом, а в лесу многое может напугать детей, помимо физической опасности, которую, правда, трудно встретить на таком близком расстоянии от города, но все-таки не мешает иметь в виду. Поэтому только в хорошие дни, утром, когда окружающая дорогу чаща полна солнечным ливнем, цветами и тишиной, так что впечатлительности Ассоль не грозили фантомы воображения, Лонгрен отпускал ее в город.

Однажды, в середине такого путешествия к городу, девочка присела у дороги съесть кусок пирога, положенного в корзинку на завтрак. Закусывая, она перебирала игрушки; из них две-три оказались новинкой для нее: Лонгрен сделал их ночью. Одна такая новинка была миниатюрной гоночной яхтой; белое суденышко подняло алые паруса, сделанные из обрезков шелка, употреблявшегося Лонгреном для оклейки пароходных кают — игрушек богатого покупателя. Здесь, видимо, сделав яхту, он не нашел подходящего

color burned so brightly in her hand as if she was holding fire.

A creek crossed the road, and a crosswalk bridge made of logs was thrown over it. To the right and to the left the creek went off into the woods. "If I put the yacht into the water for a little bit," Soll thought, "it's not going to get wet; I'll wipe it off afterwards."

The little girl went off into the forest, following the water's flow and leaving the crosswalk behind, then gently lowered into the water the boat that captivated her attention; the clear water immediately flashed a crimson reflection of the sails. The sunrays, piercing the cloth, created a shimmering pink radiation on the white stone of the creek bed.

"Where have you come from, Captain?" Soll pompously asked an imaginary sailor and answered herself: "I've come... from China I've come."

"What have you brought?"

"That I shall not tell you."

"How dare you, captain! Well, go back to the basket then."

As the "captain" readied to meekly reply

материала для паруса, употребив что было – лоскутки алого шелка. Ассоль пришла в восхищение. Пламенный веселый цвет так ярко горел в ее руке, как будто она держала огонь.

Дорогу пересекал ручей, с переброшенным через него жердяным мостиком; ручей справа и слева уходил в лес. "Если я спущу ее на воду поплавать немного," размышляла Ассоль, "она ведь не промокнет, я ее потом вытру."

Отойдя в лес за мостик, по течению ручья, девочка осторожно спустила на воду у самого берега пленившее ее судно; паруса тотчас сверкнули алым отражением в прозрачной воде: свет, пронизывая материю, лег дрожащим розовым излучением на белых камнях дна.

"Ты откуда приехал, капитан?" важно спросила Ассоль воображенное лицо и, отвечая сама себе, сказала: "Я приехал.. приехал… приехал я из Китая."

"А что ты привез?"

"Что привез, о том не скажу."

"Ах, ты так, капитан! Ну, тогда я тебя посажу обратно в корзину."

Только что капитан приготовился

that he was teasing and he was about to show her an elephant, a quiet backsplash from the bank suddenly turned the ship's bow toward the center of the creek, and the yacht took off at full speed like a real vessel, sailing with the current.

Instantly, the scale zoomed out: the creak seemed like a mighty river to the little girl, and the yacht was a great distant ship toward which she stretched forth her hands, almost falling into the water, frightened and dumbfounded. "The captain is scared," she thought, hurrying up for the runaway toy and hoping it would be trapped somewhere on the shore. Hastily carrying the basket that was light but getting in her way, Soll muttered: "Oh, my God! How did this happen?" She tried not to lose sight of the handsome, smoothly drifting triangle of sails; she stumbled, fell, got up, and ran again.

Soll had never been so far in the woods before. She did not look around, absorbed by her impatient desire to catch the toy and by plenty of obstacles along the shore where she ran. Mossy trunks of fallen trees, ditches, tall ferns, wild rose, jasmine, and hazel bushes blocked her way; overcoming them, she gradually lost strength, stopping ever more often to rest or brush away a sticky cobweb from her face.

смиренно ответить, что он пошутил и что готов показать слона, как вдруг тихий отбег береговой струи повернул яхту носом к середине ручья, и, как настоящая, полным ходом покинув берег, она ровно поплыла вниз.

Мгновенно изменился масштаб видимого: ручей казался девочке огромной рекой, а яхта — далеким, большим судном, к которому, едва не падая в воду, испуганная и оторопевшая, протягивала она руки. "Капитан испугался," подумала она и побежала за уплывающей игрушкой, надеясь, что ее где-нибудь прибьет к берегу. Поспешно таща не тяжелую, но мешающую корзинку, Ассоль твердила: "Ах, господи! Ведь случись же…" Она старалась не терять из вида красивый, плавно убегающий треугольник парусов, спотыкалась, падала и снова бежала.

Ассоль никогда не бывала так глубоко в лесу, как теперь. Ей, поглощенной нетерпеливым желанием поймать игрушку, не смотрелось по сторонам; возле берега, где она суетилась, было довольно препятствий, занимавших внимание. Мшистые стволы упавших деревьев, ямы, высокий папоротник, шиповник, жасмин и орешник мешали ей на каждом шагу; одолевая их, она постепенно теряла силы,

When she entered stretches of sedge and reed thicket, Soll almost lost sight of the glittering crimson sails. Having rounded a bend in the creek, she caught sight of them again, solemnly and steadfastly running away. She looked back and was astonished by the tree mass with its variety of colors, from the smoky light pillars in the foliage to the dark holes of dense gloom. Quailing for a moment, she thought again of the toy and, breathing out a few times a deep "Ugh," ran on at full pelt.

This fruitless and anxious chase took about an hour when, surprised but relieved, Soll saw that the trees ahead parted, letting the blue spill of the sea and clouds through. She ran out onto the edge of a sandy yellow cliff, nearly falling down from fatigue. There was the mouth of the creek, spreading not broadly but shallowly so that the streaming blueness of bedrock could be seen; the creek vanished under the oncoming sea waves.

From the low, root-pitted cliff, Soll noticed a man sitting on a large, flat stone by the water with his back to her,

останавливаясь все чаще и чаще, чтобы передохнуть или смахнуть с лица липкую паутину.

Когда потянулись, в более широких местах, осоковые и тростниковые заросли, Ассоль совсем было потеряла из вида алое сверкание парусов, но, обежав излучину течения, снова увидела их, степенно и неуклонно бегущих прочь. Раз она оглянулась, и лесная громада с ее пестротой, переходящей от дымных столбов света в листве к темным расселинам дремучего сумрака, глубоко поразила девочку. На мгновение оробев, она вспомнила вновь об игрушке и, несколько раз выпустив глубокое "ф-ф-у-уу", побежала изо всех сил.

В такой безуспешной и тревожной погоне прошло около часу, когда с удивлением, но и с облегчением Ассоль увидела, что деревья впереди свободно раздвинулись, пропустив синий разлив моря, облака и край желтого песчаного обрыва, на который она выбежала, почти падая от усталости. Здесь было устье ручья; разлившись нешироко и мелко, так что виднелась струящаяся голубизна камней, он пропадал в встречной морской волне.

С невысокого, изрытого корнями обрыва Ассоль увидела, что у ручья, на плоском большом камне, спиной к

holding her escaped boat and thoroughly examining it with curiosity of an elephant that had caught a butterfly. Partly reassured that the toy was still in one piece, Soll slipped down the cliff, came up close to the stranger, and stared at him, waiting when he would raise his head. But the stranger was so absorbed in his contemplation of the forest's surprise that the girl had time to examine him from head to foot, finding that she had never seen anyone like him.

It was none other than Aigle, the famous collector of folk songs, legends, stories, and fairy tales, traveling on foot. His grey curls fell out in folds from under his straw hat; his dark shirt was tucked into blue trousers; his high boots gave him look of a hunter; his white collar, tie, silver-studded belt, his cane and bag with a brand new nickel latch revealed a town dweller. His face, if one could call it a face, consisted of a nose, lips, and eyes protruding from his bushy, radiant beard and magnificent, fiercely curled up mustache. These features would have seemed listlessly pale had it not been for his eyes, grey like sand and gleaming like pure steel, with a courageous and firm look.

ней, сидит человек, держа в руках сбежавшую яхту, и всесторонне рассматривает ее с любопытством слона, поймавшего бабочку. Отчасти успокоенная тем, что игрушка цела, Ассоль сползла по обрыву и, близко подойдя к незнакомцу, воззрилась на него изучающим взглядом, ожидая, когда он подымет голову. Но неизвестный так погрузился в созерцание лесного сюрприза, что девочка успела рассмотреть его с головы до ног, установив, что людей, подобных этому незнакомцу, ей видеть еще ни разу не приходилось.

Но перед ней был не кто иной, как путешествующий пешком Эгль, известный собиратель песен, легенд, преданий и сказок. Седые кудри складками выпадали из-под его соломенной шляпы; серая блуза, заправленная в синие брюки, и высокие сапоги придавали ему вид охотника; белый воротничок, галстук, пояс, унизанный серебром блях, трость и сумка с новеньким никелевым замочком — выказывали горожанина. Его лицо, если можно назвать лицом нос, губы и глаза, выглядывавшие из бурно разросшейся лучистой бороды и пышных, свирепо взрогаченных вверх усов, казалось бы вялопрозрачным, если бы не глаза, серые, как песок, и блестящие, как чистая сталь, с взглядом смелым и

сильным.

"Now give it to me," the girl said timidly. "You've played enough with it. How did you catch it?"

Aigle raised his head, dropping the boat, so unexpectedly her agitated voice had sounded. The old man stared at her for a moment, smiling and slowly combing his beard with his big, blue-veined, cupped hand. The girl's cotton dress, thinned from many washes, barely covered her skinny, tanned knees. Her thick dark hair, tied up with a lace scarf, had got undone touching her shoulders. Soll's every feature was expressively delicate and clear as a tern's flight. Her dark eyes, tinged with a sad questioning look, seemed somewhat older than her face; its asymmetrical soft oval was covered with lovely suntan inherent to healthy, fair skin. There was a gentle smile on her small lips.

"I swear by the Grimm Brothers, Aesop, and Andersen," Aigle said, glancing from the girl to the yacht and back. "There is something special here. Listen, you little flower! Is this your thing?"

"Yes, it is. I chased it all the way down the creek; I thought I would die. Has it come here?"

"Теперь отдай мне," несмело сказала девочка. "Ты уже поиграл. Ты как поймал ее?"

Эгль поднял голову, уронив яхту, – так неожиданно прозвучал взволнованный голосок Ассоль. Старик с минуту разглядывал ее, улыбаясь и медленно пропуская бороду в большой, жилистой горсти. Стиранное много раз ситцевое платье едва прикрывало до колен худенькие, загорелые ноги девочки. Ее темные густые волосы, забранные в кружевную косынку, сбились, касаясь плеч. Каждая черта Ассоль была выразительно легка и чиста, как полет ласточки. Темные, с оттенком грустного вопроса глаза казались несколько старше лица; его неправильный мягкий овал был овеян того рода прелестным загаром, какой присущ здоровой белизне кожи. Полураскрытый маленький рот блестел кроткой улыбкой.

"Клянусь Гриммами, Эзопом и Андерсеном," сказал Эгль, посматривая то на девочку, то на яхту. "Это что-то особенное. Слушай-ка ты, растение! Это твоя штука?"

"Да, я за ней бежала по всему ручью; я думала, что умру. Она была тут?"

"To my very feet. The shipwreck is the very reason that I, as a coastal pirate, can give you this prize. The yacht, abandoned by its crew, was washed ashore by a five-inch wave and landed between my left heel and the tip of my cane." He tapped his cane. "What is your name, child?"

"Soll," she said, hiding the toy, handed to her by Aigle, in her basket.

"Well," the old man continued his obscure talk, steadily keeping his eyes, gleaming with a friendly smile, on Soll. "I had no need to ask your name. Good that it's so strange, so musical, in one tone, like whistling of an arrow or roaring of a seashell. What would I have done had you been called one of those sweet, but unbearably ordinary names that are so alien to the Wonderful Unknown? I do not wish to know who you are, who your parents are, and what life you live. Why break the charm?

Sitting on this rock, I was comparing Finnish and Japanese story plots, when out of the blue the creek washed this toy yacht ashore, and then you turned up... just as you are. I am, dearie, a poet at heart, though I have authored nothing.

"У самых моих ног. Кораблекрушение причиной того, что я, в качестве берегового пирата, могу вручить тебе этот приз. Яхта, покинутая экипажем, была выброшена на песок трехвершковым валом – между моей левой пяткой и оконечностью палки." Он стукнул тростью. "Как зовут тебя, крошка?"

"Ассоль," сказала девочка, пряча в корзину поданную Эглем игрушку.

"Хорошо," продолжал непонятную речь старик, не сводя глаз, в глубине которых поблескивала усмешка дружелюбного расположения духа. "Мне, собственно, не надо было спрашивать твое имя. Хорошо, что оно так странно, так однотонно, музыкально, как свист стрелы или шум морской раковины: что бы я стал делать, называйся ты одним из тех благозвучных, но нестерпимо привычных имен, которые чужды Прекрасной Неизвестности? Тем более я не желаю знать, кто ты, кто твои родители и как ты живешь. К чему нарушать очарование?"

"Я занимался, сидя на этом камне, сравнительным изучением финских и японских сюжетов... как вдруг ручей выплеснул эту яхту, а затем появилась ты... Такая, как есть. Я, милая, поэт в душе – хоть никогда не сочинял сам.

What are those things in your basket?"

"Boats," Soll said, shaking her basket, "then a steamer and three toy houses with flags for soldiers to live in."

"Very good. Somebody has sent you to sell them. On the way you started to play. You put the yacht in the creek, and it sailed away, right?"

"Have you been watching me?" Soll asked doubtfully, trying to recall if she herself had told him her story. "Did anybody tell you? Or did you guess?"

"I knew it."

"How?"

"For I am the greatest sorcerer."

Soll was confused; her tension at Aigle's words turned into fear. The lonely seashore, the stillness, her tedious adventure with the yacht, the gibberish talk of the old man with glistening eyes, and the majesty of his beard and hair fused in her mind the supernatural and the reality. Had Aigle quipped a grimace or raised his voice, the little girl would have rushed off in tears and fear. But having noted how wide open her eyes were, Aigle made a sharp turn.

Что у тебя в корзинке?"

"Лодочки," сказала Ассоль, встряхивая корзинкой, "потом пароход да еще три таких домика с флагами. Там солдаты живут."

"Отлично. Тебя послали продать. По дороге ты занялась игрой. Ты пустила яхту поплавать, а она сбежала – ведь так?"

"Ты разве видел?" с сомнением спросила Ассоль, стараясь вспомнить, не рассказала ли она это сама. "Тебе кто-то сказал? Или ты угадал?"

"Я это знал."

Как?

"Потому что я – самый главный волшебник."

Ассоль смутилась: ее напряжение при этих словах Эгля переступило границу испуга. Пустынный морской берег, тишина, томительное приключение с яхтой, непонятная речь старика с сверкающими глазами, величественность его бороды и волос стали казаться девочке смешением сверхъестественного с действительностью. Состpой теперь Эгль гримасу или закричи что-нибудь – девочка помчалась бы прочь, заплакав и изнемогая от страха. Но Эгль, заметив, как широко раскрылись

ее глаза, сделал крутой вольт.

"Don't be afraid of me," he said seriously. "Actually, I would like to talk to you heart-to-heart." Only then he realized what impressed him so deeply in the girl's face. "Instinctive expectation of the marvels, of her blissful destiny," he decided."Eh, why am I not a writer? What a nice story this could have been."

"Тебе нечего бояться меня," серьезно сказал он. "Напротив, мне хочется поговорить с тобой по душе." Тут только он уяснил себе, что в лице девочки было так пристально отмечено его впечатлением. "Невольное ожидание прекрасного, блаженной судьбы," решил он. "Ах, почему я не родился писателем? Какой славный сюжет."

"Well," Aigle continued, trying to round off his initial idea (his inclination to myth-making - a consequence of his profession - was stronger than his fear of planting seeds of great dreams in the unknown soil). "Come on, Soll, listen to me carefully. I was in the village where you apparently live - in Kaperna. I love fairy tales and songs, and I stayed in that village for a whole day expecting to hear something new that no one had heard before. But they tell no tales. They sing no songs. And if they talk and sing, you know, they tell stories about sly peasants and soldiers, always glorifying trickery; those dirty, like unwashed feet, rough, like stomach rumbling, short ditties with an awful melody. Wait, I am lost. I will start over."

"Ну-ка," продолжал Эгль, стараясь закруглить оригинальное положение (склонность к мифотворчеству – следствие всегдашней работы – было сильнее, чем опасение бросить на неизвестную почву семена крупной мечты), "ну-ка, Ассоль, слушай меня внимательно. Я был в той деревне – откуда ты, должно быть, идешь, словом, в Каперне. Я люблю сказки и песни, и просидел я в деревне той целый день, стараясь услышать что-нибудь никем не слышанное. Но у вас не рассказывают сказок. У вас не поют песен. А если рассказывают и поют, то, знаешь, эти истории о хитрых мужиках и солдатах, с вечным восхвалением жульничества, эти грязные, как немытые ноги, грубые, как урчание в животе, коротенькие четверостишия с ужасным мотивом... Стой, я сбился. Я заговорю снова."

He stopped for a while and then

Подумав, он продолжал так: "Не знаю,

continued, "I do not know how many years will go by, but a fairy tale will come to Kaperna, and it will be remembered for long. You will be a grown-up, Soll. One morning you will see crimson sails gleaming in the sun on the horizon. The shining mass of crimson sails on a white ship will go straight to you, cutting through the waves. Silent will be the sailing of this marvelous ship, without shouts or shots. An astonished crowd will gather on the bank, saluting it, and you shall stand there, too. The ship will approach the shore majestically, to the sounds of beautiful music, and a fast boat decorated in rugs, gold, and flowers will sail off it for you. 'Why have you come? Whom do you seek?' the dazed crowd on the shore will ask. Then you will see a brave, handsome prince, and he will stretch out his hands to you. 'I salute you, Soll!' he will say. 'Far away from here I saw you in my dreams and have come to carry you off to my kingdom for keeps. You will live in a deep rose valley with me. You will have everything that you wish for; we shall live together so amicably and merrily that your soul will never ever know the tears or sorrow.' He will take you to his boat, bring you aboard his ship, and you will leave forever for a wondrous land, where the sun will rise and the stars come down from the sky to greet you when you arrive."

сколько пройдет лет, – только в Каперне расцветет одна сказка, памятная надолго. Ты будешь большой, Ассоль. Однажды утром в морской дали под солнцем сверкнет алый парус. Сияющая громада алых парусов белого корабля двинется, рассекая волны, прямо к тебе. Тихо будет плыть этот чудесный корабль, без криков и выстрелов; на берегу много соберется народу, удивляясь и ахая: и ты будешь стоять там Корабль подойдет величественно к самому берегу под звуки прекрасной музыки; нарядная, в коврах, в золоте и цветах, поплывет от него быстрая лодка.'Зачем вы приехали? Кого вы ищете?' спросят люди на берегу. Тогда ты увидишь храброго красивого принца; он будет стоять и протягивать к тебе руки. 'Здравствуй, Ассоль!' скажет он. 'Далеко-далеко отсюда я увидел тебя во сне и приехал, чтобы увезти тебя навсегда в свое царство. Ты будешь там жить со мной в розовой глубокой долине. У тебя будет все, чего только ты пожелаешь; жить с тобой мы станем так дружно и весело, что никогда твоя душа не узнает слез и печали.' Он посадит тебя в лодку, привезет на корабль, и ты уедешь навсегда в блистательную страну, где всходит солнце и где звезды спустятся с неба, чтобы поздравить тебя с приездом."

"Will this all be for me?" the girl asked quietly. Her serious eyes cheered up and brightened with trust. Had the sorcerer been dangerous, surely he would not have talked like that. She came closer. "Maybe it has come already... that ship?"

"Not yet," Aigle objected, "First, as I said, you shall grow up. Then... What's the point of talking? It will happen, and that's it! What will you do then?"

"I?" She looked into the basket, but apparently did not find anything worthy to reward him. "I shall love him," she said quickly and hesitatingly added, "If he won't beat me."

"No, he shall not," the sorcerer said, mysteriously winking at her, "he won't, I can vouch for that. Go, little girl, and heed my words that I have told you between two sips of flavored vodka and thoughts of convicts' songs. Go. Peace be with you, fluffy head!"

Longren was working in his small garden, hilling his potato plants. Raising his head, he sighted Soll running headlong toward him with a joyful and impatient look on her face.

"Это все мне?" тихо спросила девочка. Ее серьезные глаза, повеселев, просияли доверием. Опасный волшебник, разумеется, не стал бы говорить так; она подошла ближе. "Может быть, он уже пришел… тот корабль?"

"Не так скоро," возразил Эгль, "сначала, как я сказал, ты вырастешь. Потом… Что говорить? – это будет, и кончено. Что бы ты тогда сделала?"

"Я?" Она посмотрела в корзину, но, видимо, не нашла там ничего достойного служить веским вознаграждением. "Я бы его любила," поспешно сказала она, и не совсем твердо прибавила: "если он не дерется."

"Нет, не будет драться," сказал волшебник, таинственно подмигнув, "не будет, я ручаюсь за это. Иди, девочка, и не забудь того, что сказал тебе я меж двумя глотками ароматической водки и размышлением о песнях каторжников. Иди. Да будет мир пушистой твоей голове!"

Лонгрен работал в своем маленьком огороде, окапывая картофельные кусты. Подняв голову, он увидел Ассоль, стремглав бежавшую к нему с радостным и нетерпеливым лицом.

"Ugh," she said, recovering her wind and clutching her father's apron with both hands. "Listen to me: on the shore, over there, far away, a sorcerer sits..." Soll began her story with the sorcerer and his wondrous prophesy, but feverishness of her thoughts made it difficult for her to smoothly convey the incident. She ended her narration with the sorcerer's appearance and her chase after the sailed away boat; all in reverse order.

Her father listened to the girl without interrupting, without a smile, and when she finished her story, his imagination quickly drew for him a strange old man with a bottle of flavored vodka in one hand and the toy in the other. Longren turned away, but then, having recalled that if a child considers something important, a grown-up shall treat it seriously and amazedly, he nodded his head solemnly, saying, "Well, well, by all signs, he is no one else but a sorcerer. I wish I could have met him myself... But when you go to town again, do not swerve from the road; it is easy to get lost in the woods."

He threw aside his shovel, sat down on a low brushwood fence, and seated the little girl onto his lap. Terribly tired, she still tried to add some more details, but the heat, her excitement and exhaustion made her sleepy. Her eyelids drooped,

"Ну, вот ..." сказала она, силясь овладеть дыханием, и ухватилась обеими руками за передник отца. "Слушай, что я тебе расскажу… На берегу, там, далеко, сидит волшебник…" Она начала с волшебника и его интересного предсказания. Горячка мыслей мешала ей плавно передать происшествие. Далее шло описание наружности волшебника и – в обратном порядке – погоня за упущенной яхтой.

Лонгрен выслушал девочку, не перебивая, без улыбки, и, когда она кончила, воображение быстро нарисовало ему неизвестного старика с ароматической водкой в одной руке и игрушкой в другой. Он отвернулся, но, вспомнив, что в великих случаях детской жизни подобает быть человеку серьезным и удивленным, торжественно закивал головой, приговаривая: "Так, так; по всем приметам, некому иначе и быть, как волшебнику. Хотел бы я на него посмотреть… Но ты, когда пойдешь снова, не сворачивай в сторону; заблудиться в лесу нетрудно."

Бросив лопату, он сел к низкому хворостяному забору и посадил девочку на колени. Страшно усталая, она пыталась еще прибавить кое-какие подробности, но жара, волнение и слабость клонили ее в сон. Глаза ее

her head fell down on her father's strong shoulder, and in a moment she would have flown away to the land of dreams, but suddenly, alarmed by quick doubt, Soll sat upright with her eyes closed and, resting her fists against Longren's vest, said loudly: "What do you think, will the sorcerer's ship come for me or not?"

"It will," the sailor replied calmly, "if you have been told the ship shall come, it will."

"She will grow up and forget it," he thought, "but for now... I should not take such a toy from her. She will see many sails - not crimson, but filthy and treacherous ones. From afar they will seem elegant and white, but from close up - ragged and brazen. A stranger joked at my child. So what? It was a good joke! A kind joke. Look how she is overcome by sleep after half a day in the woods, in the thicket. As for the crimson sails, she will get them, I think."

Soll slept. Longren pulled out his pipe with his free hand, lit it, and the wind carried the smoke away through the fence into a bush that grew outside his garden. In the bush, with his back to the fence, sat a young beggar, munching a pie. The talk between the father and his daughter had put him in good mood, and the smell of good tobacco had inspired

слипались, голова опустилась на твердое отцовское плечо, мгновение – и она унеслась бы в страну сновидений, как вдруг, обеспокоенная внезапным сомнением, Ассоль села прямо, с закрытыми глазами и, упираясь кулачками в жилет Лонгрена, громко сказала: "Ты как думаешь, придет волшебниковый корабль за мной или нет?"

"Придет," спокойно ответил матрос, "раз тебе это сказали, значит все верно."

"Вырастет, забудет," подумал он, "а пока... не стоит отнимать у тебя такую игрушку. Много ведь придется в будущем увидеть тебе не алых, а грязных и хищных парусов: издали – нарядных и белых, вблизи – рваных и наглых. Проезжий человек пошутил с моей девочкой. Что ж?! Добрая шутка! Ничего – шутка! Смотри, как сморило тебя, – полдня в лесу, в чаще. А насчет алых парусов думай, как я: будут тебе алые паруса."

Ассоль спала. Лонгрен, достав свободной рукой трубку, закурил, и ветер пронес дым сквозь плетень, в куст, росший с внешней стороны огорода. У куста, спиной к забору, прожевывая пирог, сидел молодой нищий. Разговор отца с дочерью привел его в веселое настроение, а запах хорошего табаку настроил

him to panhandle.

"Sir, give a smoke to a poor man," he said through the fence. "My tobacco against yours is pure poison."

"I would have given you some," Longren whispered, "but it is in my other pocket. You see, I do not want to wake up my daughter."

"What a big deal! She'll wake up and fall asleep again, but a passerby will have a few good puffs."

"Well," Longren objected, "You are not out of tobacco, after all, and my child is exhausted. Stop by, if you want, later."

The beggar spat in disgust, lifted up his bindle, and scoffed, "She is a princess, indeed! Why have you muddled her brain with fairy-tale ships? What a crank you are! What kind of father are you? "

"Listen," Longren whispered, "I think I'll wake her up, just to break your hefty neck. Get out!"

Half an hour later the beggar shared a table with a dozen fishermen in the tavern. Behind them, tugging at the men's sleeves and picking up mugs of vodka over their shoulders - for themselves, of course - sat some tall, corpulent women with bent brows and arms round like cobblestones. The

добычливо.

"Дай, хозяин, покурить бедному человеку," сказал он сквозь прутья. "Мой табак против твоего не табак, а, можно сказать, отрава."

"Я бы дал," вполголоса ответил Лонгрен,"но табак у меня в том кармане. Мне, видишь, не хочется будить дочку."

"Вот беда! Проснется, опять уснет, а прохожий человек взял да и покурил."

"Ну," возразил Лонгрен, "ты не без табаку все-таки, а ребенок устал. Зайди, если хочешь, попозже."

Нищий презрительно сплюнул, вздел на палку мешок и разъяснил: "Принцесса, ясное дело. Вбил ты ей в голову эти заморские корабли! Эх ты, чудак-чудаковский, а еще хозяин!"

"Слушай-ка," шепнул Лонгрен, "я, пожалуй, разбужу ее, но только затем, чтобы намылить твою здоровенную шею. Пошел вон!"

Через полчаса нищий сидел в трактире за столом с дюжиной рыбаков. Сзади их, то дергая мужей за рукав, то снимая через их плечо стакан с водкой, — для себя, разумеется, — сидели рослые женщины с гнутыми бровями и руками круглыми, как булыжник. Нищий,

beggar, seething with anger, uttered, "He gave me not a pinch of his tobacco. 'You will grow up,' he said, 'and a special red ship... For you. For your fate is to marry a prince. And have faith in that magician.' But I say, 'Wake her up, wake her up, to reach for the tobacco.' Instead, he chased me halfway down here!"

"Who? What? What is he talking about?" curious female voices asked. The fishermen, barely turning their heads, explained, laughing: "Longren and his daughter have gone wild and perhaps soft in the head, a man says here. A magician was with them, you see. They are waiting - you old bags, don't miss it! - for a prince from overseas, on a ship with red sails!"

Three days later, on the way from the town shop, Soll heard for the first time: "Hey, gallows-bird! Soll! Look over there! Red sails are coming!" Flinching, the girl instinctively shaded her eyes and glanced from under the hand at the expanse of the sea. Then she turned to the source of the shouts; a pack of kids stood there, twenty steps away. They were making faces, sticking out their tongues at her. Sighing, the girl ran home.

вскипая обидой, повествовал: "И не дал мне табаку. 'Тебе,' говорит, 'исполнится совершеннолетний год, а тогда,' говорит, 'специальный красный корабль ... За тобой. Так как твоя участь выйти за принца. И тому,' говорит, 'волшебнику – верь'. Но я говорю: 'Буди, буди, мол, табаку-то достать.' Так ведь он за мной полдороги бежал."

"Кто? Что? О чем толкует?" слышались любопытные голоса женщин. Рыбаки, еле поворачивая головы, растолковывали с усмешкой: "Лонгрен с дочерью одичали, а может, повредились в рассудке; вот человек рассказывает. Колдун был у них, так понимать надо. Они ждут – тетки, вам бы не прозевать! – заморского принца, да еще под красными парусами!"

Через три дня, возвращаясь из городской лавки, Ассоль услышала в первый раз: "Эй, висельница! Ассоль! Посмотри-ка сюда! Красные паруса плывут!" Девочка, вздрогнув, невольно взглянула из-под руки на разлив моря. Затем обернулась в сторону восклицаний; там, в двадцати шагах от нее, стояла кучка ребят; они гримасничали, высовывая языки. Вздохнув, девочка побежала домой.

2 GRAY

If Caesar believed that it was better to be first in a village than second in Rome, Arthur Gray could afford not to worry about this: he was born a captain, wanted to be a captain, and became one.

The monumental house in which Gray was born was gloomy inside and magnificent from the outside. Its front facade looked at a flower garden and part of the park. The best varieties of tulips - silver-blue, purple, and black with a pink shade - writhed through the lawn in strings of capriciously strewn necklaces. Old trees in the park slumbered in the sifted twilight above the reeds of a meandering creek. The fence of the castle - for it was a real castle - was made of twisted cast iron pillars connected by an ornamental steel grating. Each pillar was topped by a splendid steel lily flower; on holidays their cups were filled with oil, blazing out into the night in a wide fiery line.

2 ГРЭЙ

Если Цезарь находил, что лучше быть первым в деревне, чем вторым в Риме, то Артур Грэй мог не завидовать Цезарю в отношении его мудрого желания. Он родился капитаном, хотел быть им и стал им.

Огромный дом, в котором родился Грэй, был мрачен внутри и величественен снаружи. К переднему фасаду примыкали цветник и часть парка. Лучшие сорта тюльпанов — серебристо-голубых, фиолетовых и черных с розовой тенью — извивались в газоне линиями прихотливо брошенных ожерелий. Старые деревья парка дремали в рассеянном полусвете над осокой извилистого ручья. Ограда замка, так как это был настоящий замок, состояла из витых чугунных столбов, соединенных железным узором. Каждый столб оканчивался наверху пышной чугунной лилией; эти чаши по торжественным дням наполнялись маслом, пылая в ночном

мраке обширным огненным строем.

Gray's father and mother were the haughty slaves of their status, wealth, and the laws of that society of which they were a part. The corner of their hearts that belonged to the gallery of their ancestors is not worth picturing; the remainder was occupied with the anticipated continuation of the gallery: little Gray. He was doomed to live and die in such a way that his portrait could be hung on the wall without compromising his family honor. There was a small error in this plan: Arthur Gray was born with a lively soul and was not in the least inclined to continue his familial line of destiny.

This liveliness, this unorthodoxy of the boy began to manifest itself when he was about eight. The type of knight that springs from fanciful imaginations, an adventurer and a miracle-maker; that is, a man who takes, out of an endless variety of life roles, the most dangerous and touching one - the role of Destiny - became evident in Gray on the day he pushed a chair against the wall to reach a picture of the Crucifixion to get rid of the nails in Christ's bloodstained hands: that is, he covered them over with blue paint, stolen from the castle decorator. Thus fixed, he found the picture more bearable. Carried away by painting over

Отец и мать Грэя были надменные невольники своего положения, богатства и законов того общества, по отношению к которому могли говорить «мы». Часть их души, занятая галереей предков, мало достойна изображения, другая часть — воображаемое продолжение галереи — начиналась маленьким Грэем, обреченным по известному, заранее составленному плану прожить жизнь и умереть так, чтобы его портрет мог быть повешен на стене без ущерба фамильной чести. В этом плане была допущена небольшая ошибка: Артур Грэй родился с живой душой, совершенно не склонной продолжать линию фамильного начертания.

Эта живость, эта совершенная извращенность мальчика начала сказываться на восьмом году его жизни; тип рыцаря причудливых впечатлений, искателя и чудотворца, т. е. человека, взявшего из бесчисленного разнообразия ролей жизни самую опасную и трогательную — роль провидения, намечался в Грэе еще тогда, когда, приставив к стене стул, чтобы достать картину, изображавшую распятие, он вынул гвозди из окровавленных рук Христа, т. е. попросту замазал их голубой краской, похищенной у

Christ's feet, too, he was caught by his father.

The old man pulled the boy by the ear off his chair and asked, "Why have you vandalized the painting?"

"I haven't."

"It is the work of a famous artist."

"I don't care," Gray said. "I cannot allow nails to stick out of his hands and cause bleeding. I do not want it like that."

In his son's reply, Lionel Gray recognized himself and, hiding a smile under his mustache, did not impose any punishment.

Gray tirelessly studied the castle, making startling discoveries. In the attic he found a knight's steel armor scrap, books bound in iron and leather, worn out clothes, and flocks of pigeons. In the cellar, where they stored wine, he gained some interesting knowledge of Lafite, Madeira, and Sherry. There, in the dim light of pointed windows, which were squeezed by the slanting triangles of stone archways, rested large and small barrels. The largest, shaped as a flat circle, occupied the entire shorter wall of the cellar. The barrel's century-old dark

маляра. В таком виде он находил картину более сносной. Увлеченный своеобразным занятием, он начал уже замазывать и ноги распятого, но был застигнут отцом.

Старик снял мальчика со стула за уши и спросил: "Зачем ты испортил картину?"

"Я не испортил."

"Это работа знаменитого художника."

"Мне все равно," сказал Грэй. "Я не могу допустить, чтобы при мне торчали из рук гвозди и текла кровь. Я этого не хочу."

В ответе сына Лионель Грэй, скрыв под усами улыбку, узнал себя и не наложил наказания.

Грэй неутомимо изучал замок, делая поразительные открытия. Так, на чердаке он нашел стальной рыцарский хлам, книги, переплетенные в железо и кожу, истлевшие одежды и полчища голубей. В погребе, где хранилось вино, он получил интересные сведения относительно лафита, мадеры, хереса. Здесь, в мутном свете остроконечных окон, придавленных косыми треугольниками каменных сводов, стояли маленькие и большие бочки; самая большая, в форме

oak shone as if it was polished. Among the barrels, bellied bottles of green and blue glass stood in wicker baskets. Pale mushrooms on thin stalks grew on the rocks and on the earthen floor; a sour, stifling odor, dampness, mildew, and moss were everywhere.

A huge cobweb in the far corner looked golden when the afternoon sun lightened it with its last rays. Two barrels of the best Alicante from Cromwell's days were buried in one spot. The cellar man, Poldyshok, pointing to the empty corner, never missed a chance to repeat to Gray a story of the famous grave where a dead man lay, more alive than a pack of fox terriers. Starting the story, the narrator used to check if the spigot of the big barrel worked properly and walked away apparently feeling better, for his suddenly cheered up eyes shone with uncontrolled tears of too strong joy.

"Well," Poldyshok used to say to Gray, sitting down on an empty box and sniffing tobacco into his sharp nose, "do you see that place? For one little glass of the wine that is buried there, any drunkard would let his tongue cut off.

плоского круга, занимала всю поперечную стену погреба, столетний темный дуб бочки лоснился как отшлифованный. Среди бочонков стояли в плетеных корзинках пузатые бутыли зеленого и синего стекла. На камнях и на земляном полу росли серые грибы с тонкими ножками: везде – плесень, мох, сырость, кислый, удушливый запах.

Огромная паутина золотилась в дальнем углу, когда, под вечер, солнце высматривало ее последним лучом. В одном месте было зарыто две бочки лучшего Аликанте, какое существовало во время Кромвеля, и погребщик, указывая Грэю на пустой угол, не упускал случая повторить историю знаменитой могилы, в которой лежал мертвец, более живой, чем стая фокстерьеров. Начиная рассказ, рассказчик не забывал попробовать, действует ли кран большой бочки, и отходил от него, видимо, с облегченным сердцем, так как невольные слезы чересчур крепкой радости блестели в его повеселевших глазах.

"Ну вот что," говорил Польдишок Грэю, усаживаясь на пустой ящик и набивая острый нос табаком, "видишь ты это место? Там лежит такое вино, за которое не один пьяница дал бы согласие вырезать себе язык, если бы

Each barrel holds a hundred liters of liquid that explodes your soul and turns your body into stiff dough. Its color is darker than cherry, and it won't pour out of a bottle. It's as thick as good cream. The wine is contained in barrels of black wood, strong as iron, with double hoops of red copper. A Latin engraving on the hoops says: 'Gray will drink me when he is in heaven.' There were many explanations of this inscription; one belonged to your great-grandfather, honorable Simeon Gray, who built a country house and named it *Heaven*, thinking to reconcile the mysterious dictum with the reality by means of this innocent wit. But what do you think had happened? He died of a heart attack as soon as they started knocking off the hoops. He died of exaltation, that old chap with a sweet tooth! Since then, no one has touched the barrel. It is believed that the precious wine will bring bad luck... Not even the Egyptian Sphinx asked such riddles... Though, he asked a wise man: 'Will I swallow you, as I swallowed all other people? Tell the truth, and you will live,' and after giving it some thought..."

"It seems the spigot is leaking again," Poldyshok would interrupt himself at this point, make unsteady steps to the corner and, having tightened the spigot,

ему позволили хватить небольшой стаканчик. В каждой бочке сто литров вещества, взрывающего душу и превращающего тело в неподвижное тесто. Его цвет темнее вишни, и оно не потечет из бутылки. Оно густо, как хорошие сливки. Оно заключено в бочки черного дерева, крепкого, как железо. На них двойные обручи красной меди. На обручах латинская надпись: 'Меня выпьет Грэй, когда будет в раю'." Эта надпись толковалась так пространно и разноречиво, что твой прадедушка, высокородный Симеон Грэй, построил дачу, назвал ее 'Рай', и думал таким образом согласить загадочное изречение с действительностью путем невинного остроумия. Но что ты думаешь? Он умер, как только начали сбивать обручи, от разрыва сердца, – так волновался лакомый старичок. С тех пор бочку эту не трогают. Возникло убеждение, что драгоценное вино принесет несчастье. В самом деле, такой загадки не задавал египетский сфинкс. Правда, он спросил одного мудреца: 'Съем ли я тебя, как съедаю всех? Скажи правду, останешься жив', но и то, по зрелом размышлении…"

"Кажется, опять каплет из крана," перебивал сам себя Польдишок, косвенными шагами устремляясь в угол, где, укрепив кран, возвращался с

come back with a frank, brightened face. "Well, there is no answer to that riddle. After thinking and, more importantly, taking his time, the wise man could have said to the Sphinx, 'Let's go for a drink, brother, and forget about that nonsense.' 'Gray will drink me, when he is in heaven!' How can one understand this? Will he drink it when he is dead? That is so strange. If he is in heaven, then he is a saint, and thus drinks neither wine nor plain vodka. Let's say that 'heaven' means happiness. But if that is how we phrase the question, happiness will lose half of its brilliant feathers, when the happy man has to question himself sincerely, 'Is this heaven?' Here is the thing, my dear: to light-heartedly drink from such a barrel and laugh, laugh happily, you need to stand with one foot on the ground and with the other in the sky. There might be a third explanation, too: someday a Gray will drink his fill to a blissful heavenly state and boldly empty the barrel. But this, my boy, would not be the prophesy coming to fruition but just a tavern debauchery."

After checking condition of the barrel's spigot again, Poldyshok would finish the story with a gloomy and focused look: "These barrels were brought here by your ancestor, John Gray, from Lisbon, aboard ship *The Beagle*, in 1793. He paid two thousand gold piasters for the wine. The engraving on the barrels was made

открытым, светлым лицом. "Да. Хорошо рассудив, а главное, не торопясь, мудрец мог бы сказать сфинксу: 'Пойдем, братец, выпьем, и ты забудешь об этих глупостях.' - 'Меня выпьет Грэй, когда будет в раю!' Как понять? Выпьет, когда умрет, что ли? Странно. Следовательно, он святой, следовательно, он не пьет ни вина, ни простой водки. Допустим, что 'рай' означает счастье. Но раз так поставлен вопрос, всякое счастье утратит половину своих блестящих перышек, когда счастливец искренно спросит себя: рай ли оно? Вот то-то и штука. Чтобы с легким сердцем напиться из такой бочки и смеяться, мой мальчик, хорошо смеяться, нужно одной ногой стоять на земле, другой — на небе. Есть еще третье предположение: что когда-нибудь Грэй допьется до блаженно-райского состояния и дерзко опустошит бочечку. Но это, мальчик, было бы не исполнение предсказания, а трактирный дебош."

Убедившись еще раз в исправном состоянии крана большой бочки, Польдишок сосредоточенно и мрачно заканчивал: "Эти бочки привез в 1793 году твой предок, Джон Грэй, из Лиссабона, на корабле Бигль; за вино было уплачено две тысячи золотых пиастров. Надпись на бочках сделана

by gunsmith Benjamin Ellyan of Pondisherry. The barrels are buried in soil to the depth of six feet and covered with ashes of grape vines. This wine has never been drunk or tested and never will be."

"I'll drink it," Gray once said, stamping his foot.

"You are a brave young fellow!" Poldyshok commented. "Will you drink it in heaven?"

"Sure. Heaven is here! I have it here, see?" Gray laughed quietly, opening up his small fist. His gentle, but firmly shaped palm was illuminated by the sunrays. Then the boy clenched his fingers into the palm, "Here it is, in here! And now it's gone again..."

While speaking, he kept clenching and unclenching his fingers and finally, pleased with his own joke, ran up the grim staircase, ahead of Poldyshok, into the corridor of the lower level.

Gray was strictly forbidden to enter the kitchen, but once he had discovered this amazing world of blazing fire hearths, steam and soot, hissing and bubbling of boiling liquids, clattering knives, and delicious smells, the boy became a frequent visitor to the humongous room. In the bleak silence, cooks moved about like priests; their white hats set against the background of soot-blackened walls

оружейным мастером Вениамином Эльяном из Пондишери. Бочки погружены в грунт на шесть футов и засыпаны золой из виноградных стеблей. Этого вина никто не пил, не пробовал и не будет пробовать."

"Я выпью его," сказал однажды Грэй, топнув ногой.

"Вот храбрый молодой человек!" заметил Польдишок. "Ты выпьешь его в раю?"

"Конечно. Вот рай!.. Он у меня, видишь?" Грэй тихо засмеялся, раскрыв свою маленькую руку. Нежная, но твердых очертаний ладонь озарилась солнцем, и мальчик сжал пальцы в кулак. "Вот он, здесь!.. То тут, то опять нет…"

Говоря это, он то раскрывал, то сжимал руку и наконец, довольный своей шуткой, выбежал, опередив Польдишока, по мрачной лестнице в коридор нижнего этажа.

Посещение кухни было строго воспрещено Грэю, но, раз открыв уже этот удивительный, полыхающий огнем очагов мир пара, копоти, шипения, клокотания кипящих жидкостей, стука ножей и вкусных запахов, мальчик усердно навещал огромное помещение. В суровом молчании, как жрецы, двигались повара; их белые колпаки на фоне

made their work look like solemn religious rituals. Merry and corpulent kitchen maids washed dishes in barrels of water, jingling with silver and china. Kitchen boys carried full baskets of fish, oysters, crabs, and fruits bending under their heavy weight. Iridescent pheasants, grey ducks, and motley chickens, as well as piglings with short tails and infantily closed eyes lay on a long table; there were also turnips, cabbage, nuts, blue raisins, and sun-tanned peaches.

In the kitchen, Gray was a bit shy: it seemed to him that everything there was manipulated by dark forces whose power was the wellspring of the castle's life. Shouts sounded like an order and a spell; movements of kitchen workers, thanks to their heavy practicing, acquired the distinct, niggardly precision that looked like inspiration. Gray did not grow tall enough yet to look into the biggest pot that bubbled like Mt. Vesuvius, but he felt a special reverence for it; he used to watch in awe how two maids handling the pot splashed out smoky froth on the hissing stove, and waves of steam filled in the kitchen. Once, so much liquid splashed out that it scalded a kitchen girl's hand. Her skin instantly turned red; even her nails became red from the surge of blood, and Betsy (it was her name) wept as she rubbed oil into the burn. Tears relentlessly rolled down her

почерневших стен придавали работе характер торжественного служения; веселые, толстые судомойки у бочек с водой мыли посуду, звеня фарфором и серебром; мальчики, сгибаясь под тяжестью, вносили корзины, полные рыб, устриц, раков и фруктов. Там на длинном столе лежали радужные фазаны, серые утки, пестрые куры: там свиная туша с коротеньким хвостом и младенчески закрытыми глазами; там – репа, капуста, орехи, синий изюм, загорелые персики.

На кухне Грэй немного робел: ему казалось, что здесь всем двигают темные силы, власть которых есть главная пружина жизни замка; окрики звучали как команда и заклинание; движения работающих, благодаря долгому навыку, приобрели ту отчетливую, скупую точность, какая кажется вдохновением. Грэй не был еще так высок, чтобы взглянуть в самую большую кастрюлю, бурлившую подобно Везувию, но чувствовал к ней особенное почтение; он с трепетом смотрел, как ее ворочают две служанки; на плиту выплескивалась тогда дымная пена, и пар, поднимаясь с зашумевшей плиты, волнами наполнял кухню. Раз жидкости выплеснулось так много, что она обварила руку одной девушке. Кожа мгновенно покраснела, даже ногти стали красными от прилива

frightened round face.

Gray stood still. While other women were busying about Betsy, he suddenly felt pain of another person's acute suffering, which he could not experience himself.

"Does it hurt a lot?" he asked.

"Try it and you'll know," Betsy replied, covering her hand with an apron.

Frowning, the boy climbed on a stool, scooped up some hot slurry with a long spoon (by the way, it was a lamb soup), and splashed it on his wrist. The sensation was not weak, but the weakness from the sharp pain caused him to falter. Pale as flour, Gray went up to Betsy, hiding his scalded hand in his pants' pocket.

"I think it does hurt you terribly," he said, silent about his experiment. "Let's go to a doctor, Betsy. Let's go!"

He diligently pulled her by her skirt as proponents of home remedies competed with each other, giving the young maid all sorts of advice how to heal the burn. But the girl, greatly suffering, went along with Gray. The doctor eased her pain by putting on a bandage. Only after Betsy

крови, и Бетси (так звали служанку), плача, натирала маслом пострадавшие места. Слезы неудержимо катились по ее круглому перепуганному лицу.

Грэй замер. В то время, как другие женщины хлопотали около Бетси, он пережил ощущение острого чужого страдания, которое не мог испытать сам.

"Очень ли тебе больно?" спросил он.

"Попробуй, так узнаешь," ответила Бетси, накрывая руку передником.

Нахмурив брови, мальчик вскарабкался на табурет, зачерпнул длинной ложкой горячей жижи (сказать кстати, это был суп с бараниной) и плеснул на сгиб кисти. Впечатление оказалось не слабым, но слабость от сильной боли заставила его пошатнуться. Бледный, как мука, Грэй подошел к Бетси, заложив горящую руку в карман штанишек.

"Мне кажется, что тебе очень больно," сказал он, умалчивая о своем опыте. "Пойдем, Бетси, к врачу. Пойдем же!"

Он усердно тянул ее за юбку, в то время как сторонники домашних средств наперерыв давали служанке спасительные рецепты. Но девушка, сильно мучаясь, пошла с Грэем. Врач смягчил боль, наложив перевязку. Лишь после того, как Бетси ушла,

had left, the boy showed his own burn. This minor episode made twenty-year-old Betsy and ten-year-old Gray true friends. She would stuff his pockets with pies and apples, and he would tell her tales and other stories from his books. Once he had learned that Betsy could not marry Jim, a stable boy, because they could not afford to have their own home. Gray broke his porcelain piggy bank with fireplace tongs and took all his savings - about a hundred pounds. Waking up early, when the dowerless girl had left for the kitchen, he crept into her room, put his gift into the girl's trunk, and covered it with a short note: "Betsy, it's yours. Robin Hood, the captain of robbers." This story caused in the kitchen a stir of such proportions that Gray had to confess, but he did not take the money back and did not want to talk more about it.

His mother was one of those personality types whom life casts in a predetermined mold. She lived in a dreamland of wealth that granted every wish to her ordinary soul, so she had little to do but to consult her tailor, doctor, and butler. But her passionate - almost religious - devotion to her strange child was perhaps the only

мальчик показал свою руку. Этот незначительный эпизод сделал двадцатилетнюю Бетси и десятилетнего Грэя истинными друзьями. Она набивала его карманы пирожками и яблоками, а он рассказывал ей сказки и другое истории, вычитанные в своих книжках. Однажды он узнал, что Бетси не может выйти замуж за конюха Джима, ибо у них нет денег обзавестись хозяйством. Грэй разбил каминными щипцами свою фарфоровую копилку и вытряхнул оттуда все, что составляло около ста фунтов. Встав рано. когда бесприданница удалилась на кухню, он пробрался в ее комнату и, засунув подарок в сундук девушки, прикрыл его короткой запиской: "Бетси, это твое. Предводитель шайки разбойников Робин Гуд." Переполох, вызванный на кухне этой историей, принял такие размеры, что Грэй должен был сознаться в подлоге. Он не взял денег назад и не хотел более говорить об этом.

Его мать была одною из тех натур, которые жизнь отливает в готовой форме. Она жила в полусне обеспеченности, предусматривающей всякое желание заурядной души, поэтому ей не оставалось ничего делать, как советоваться с портнихами, доктором и дворецким. Но страстная,

vent for those of her inclinations, chloroformed by her upbringing and fate, that were no longer alive but vaguely wandered inside, leaving her without a will of her own. The lady resembled a peahen that had hatched a swan's egg. She painfully felt the beautiful peculiarity of her son; sorrow and love tightened her chest when she hugged him, and her heart spoke a different language than her tongue, which habitually conversed in terms of conventional relationships and thoughts. Thus, when sunrays, whimsically refracted by a cloud, penetrate inside of an ugly official building, depriving it of its banal merits, the eye sees but does not recognize the interior: mysterious shades of light amidst the squalor create a dazzling harmony.

This lady, whose face and figure seemed to react with icy silence to any fiery voices of life, whose delicate beauty repelled sooner than attracted, for people felt her arrogant willpower, devoid of feminine attraction - this Lillian Gray, when she was alone with her child, was just his mother, who spoke in loving, gentle tones that heartfelt nonsense that could not be put on paper - its strength

почти религиозная привязанность к своему странному ребенку была, надо полагать, единственным клапаном тех ее склонностей, захлороформированных воспитанием и судьбой, которые уже не живут, но смутно бродят, оставляя волю бездейственной. Знатная дама напоминала паву, высидевшую яйцо лебедя. Она болезненно чувствовала прекрасную обособленность сына; грусть, любовь и стеснение наполняли ее, когда она прижимала мальчика к груди, где сердце говорило другое, чем язык, привычно отражающий условные формы отношений и помышлений. Так облачный эффект, причудливо построенный солнечными лучами, проникает в симметрическую обстановку казенного здания, лишая ее банальных достоинств; глаз видит и не узнает помещения: таинственные оттенки света среди убожества творят ослепительную гармонию.

Знатная дама, чье лицо и фигура, казалось, могли отвечать лишь ледяным молчанием огненным голосам жизни, чья тонкая красота скорее отталкивала, чем привлекала, так как в ней чувствовалось надменное усилие воли, лишенное женственного притяжения, — эта Лилиан Грэй, оставаясь наедине с мальчиком, делалась простой мамой, говорившей

was in her feelings, not in its meaning. She could not refuse her son anything. She forgave him everything: his visits to the kitchen, his aversion to school, his disobedience, and his many quirks.

If he did not want the trees to be trimmed, the trees remained untouched; if he asked to pardon or reward someone, the interested person knew it was coming; he could ride any horse, bring into the castle any dog, rummage through the home library books, run barefoot, and eat whatever he wanted.

For some time his father fought this, but then stepped back - yielded not to the principle, but to his wife's wishes. He confined to the removal of all servants' children from the castle, fearing that low-level society would turn the boy's whims into impossible-to-eradicate inclinations. Most of the time, his father was busy with countless family lawsuits whose origins were lost in the epoch of the first paper mills and whose end would likely come with the death of the last quibbler. In addition, public affairs, dealing with his own estate, dictation of his memoirs, ceremonial hunts, reading newspapers, and extensive correspondence kept him

любящим, кротким тоном те самые сердечные пустяки, какие не передашь на бумаге – их сила в чувстве, не в самих них. Она решительно не могла в чем бы то ни было отказать сыну. Она прощала ему все: пребывание в кухне, отвращение к урокам, непослушание и многочисленные причуды.

Если он не хотел, чтобы подстригали деревья, деревья оставались нетронутыми, если он просил простить или наградить кого-либо, заинтересованное лицо знало, что так и будет; он мог ездить на любой лошади, брать в замок любую собаку; рыться в библиотеке, бегать босиком и есть, что ему вздумается.

Его отец некоторое время боролся с этим, но уступил – не принципу, а желанию жены. Он ограничился удалением из замка всех детей служащих, опасаясь, что благодаря низкому обществу прихоти мальчика превратятся в склонности, трудно-искоренимые. В общем, он был всепоглощенно занят бесчисленными фамильными процессами, начало которых терялось в эпохе возникновения бумажных фабрик, а конец – в смерти всех кляузников. Кроме того, государственные дела, дела поместий, диктант мемуаров, выезды парадных охот, чтение газет и

spiritually at a distance from his family. He saw his son so rarely that sometimes he could not remember how old his boy was.

Thus, Gray lived in his own world. He played alone, usually in the rear courtyards that had been used for military purposes in days gone by. These vast wastelands, with remains of deep moats and stone cellars overgrown with moss, were full of weeds, nettles, thistles, thorns, and modest motley wild flowers. Gray stayed there for hours, exploring burrows of moles, fighting weeds, catching butterflies, and building from broken brick fortresses which later he shelled with sticks and rocks.

He was in his twelfth year, when all the inner cravings of his soul - all the disparate traits of his spirit and nuances of his secret aspirations - fused together in powerful harmony and became an unconquerable desire. Before, he seemed to spot separate parts of his own garden - a sunny open space, a shadow, a flower, a dense, lush trunk - in other people's gardens, and now suddenly he saw them all in one place, clearly, in striking, beautiful accordance.

It happened in the library. Its tall door with opaque glass at the top was usually

сложная переписка держали его в некотором внутреннем отдалении от семьи; сына он видел так редко, что иногда забывал, сколько ему лет.

Таким образом, Грэй жил в своем мире. Он играл один – обыкновенно на задних дворах замка, имевших в старину боевое значение. Эти обширные пустыри, с остатками высоких рвов, с заросшими мхом каменными погребами, были полны бурьяна, крапивы, репейника, терна и скромнопестрых диких цветов. Грэй часами оставался здесь, исследуя норы кротов, сражаясь с бурьяном, подстерегая бабочек и строя из кирпичного лома крепости, которые бомбардировал палками и булыжником.

Ему шел уже двенадцатый год, когда все намеки его души, все разрозненные черты духа и оттенки тайных порывов соединились в одном сильном моменте и тем получив стройное выражение стали неукротимым желанием. До этого он как бы находил лишь отдельные части своего сада – просвет, тень, цветок, дремучий и пышный ствол – во множестве садов иных, и вдруг увидел их ясно, все – в прекрасном, поражающем соответствии.

Это случилось в библиотеке. Ее высокая дверь с мутным стеклом

locked, but now the bolt became loose; when pressed hard by hand, the door would move and, with an effort, open. When the spirit of exploration forced Gray to find his way into the library, he was struck by the dusty light that formed a peculiar colored pattern created by the stained glass that beautified the upper part of the windows. The silence of desertion reigned there, stale as water in a lifeless pond. Dark rows of bookcases adjoined the windows, half shading them. Between the bookcases there were aisles littered with piles of books; here was an open album with loose inner pages, there were scrolls tied with gold cord; stacks of gloomy looking books; thick layers of manuscripts, a mound of miniature volumes that crackled like bark if opened; here - drawings and tables, rows of new books, maps; a variety of bindings - coarse, soft, black, colorful, blue, gray, thick, thin, rough, and smooth. The bookcases were tightly packed. They seemed to be walls that enclosed life itself within their thickness. The glass of bookcases reflected other bookcases, covered with colorless, shining spots. A huge globe, enclosed in the spherical brass cross formed by the equator and the prime meridian, stood on a round table.

вверху была обыкновенно заперта, но защелка замка слабо держалась в гнезде створок; надавленная рукой, дверь отходила, натуживалась и раскрывалась. Когда дух исследования заставил Грэя проникнуть в библиотеку, его поразил пыльный свет, вся сила и особенность которого заключалась в цветном узоре верхней части оконных стекол. Тишина покинутости стояла здесь, как прудовая вода. Темные ряды книжных шкапов местами примыкали к окнам, заслонив их наполовину, между шкапов были проходы, заваленные грудами книг. Там — раскрытый альбом с выскользнувшими внутренними листами, там — свитки, перевязанные золотым шнуром; стопы книг угрюмого вида; толстые пласты рукописей, насыпь миниатюрных томиков, трещавших, как кора, если их раскрывали; здесь — чертежи и таблицы, ряды новых изданий, карты; разнообразие переплетов, грубых, нежных, черных, пестрых, синих, серых, толстых, тонких, шершавых и гладких. Шкапы были плотно набиты книгами. Они казались стенами, заключившими жизнь в самой толще своей. В отражениях шкапных стекол виднелись другие шкапы, покрытые бесцветно блестящими пятнами. Огромный глобус, заключенный в медный сферический крест экватора и

меридиана, стоял на круглом столе.

Turning toward the exit, Gray noticed an enormous picture above the door, whose content immediately charged with vigor the stillness of the stuffy library. The painting depicted a ship, rising on the crest of a comber. Streams of foam ran down its sides. The ship was portrayed in the last moment of its upward flight. It headed straight at the viewer. Its highly raised bowsprit shielded from view the base of its masts. The crest of the surge, spread-eagled by the ship's keel, resembled wings of a giant bird. The air was filled with foam. The ship's sails, vaguely visible behind the forecastle deck and above the bowsprit, filled with the fierce force of the storm, were falling back with all their mass, but one could guess that after crossing the surge they would straighten the vessel and, leaning over the abyss, rush it towards a new comber. Ruptured clouds fluttered low over the ocean. Dim sunlight hopelessly struggled with the deepening darkness of night.

But most remarkable in this painting was the figure of a man standing on the forecastle deck with his back to the viewer. He seemed to personify the whole situation, the quintessence of the moment. The man's pose (he stood with his feet planted apart, waving his hands) did not actually convey anything about

Обернувшись к выходу, Грэй увидел над дверью огромную картину, сразу содержанием своим наполнившую душное оцепенение библиотеки. Картина изображала корабль, вздымающийся на гребень морского вала. Струи пены стекали по его склону. Он был изображен в последнем моменте взлета. Корабль шел прямо на зрителя. Высоко поднявшийся бушприт заслонял основание мачт. Гребень вала, распластанный корабельным килем, напоминал крылья гигантской птицы. Пена неслась в воздух. Паруса, туманно видимые из-за бакборта и выше бушприта, полные неистовой силы шторма, валились всей громадой назад, чтобы, перейдя вал, выпрямиться, а затем, склоняясь над бездной, мчать судно к новым лавинам. Разорванные облака низко трепетали над океаном. Тусклый свет обреченно боролся с надвигающейся тьмой ночи.

Но всего замечательнее была в этой картине фигура человека, стоящего на баке спиной к зрителю. Она выражала все положение, даже характер момента. Поза человека (он расставил ноги, взмахнув руками) ничего собственно не говорила о том, чем он занят, но заставляла предполагать

what he was busy with, but implied his intense attention to something on the deck, invisible to the viewer. The wind bullied the rolled-up hems of his caftan, as well as his white braid and black sword; his expensive garments revealed his status as the captain; his balancing posture matched the sway of the surge; hatless, he was apparently absorbed by the dangerous moment and commanded something. But what? Did he notice a seaman falling overboard? Was he issuing a command to turn on the other tack or calling the boatswain, drowning out the wind?

Not thoughts, but shadows of them grew in Gray's heart as he stared at the painting. Suddenly he sensed that an invisible stranger came up from the left and now stood next to him, a bizarre feeling that would have disappeared without a trace if he had turned his head. Gray knew this. But he released his imagination and listened. A soundless voice shouted a few curt phrases - incomprehensible as if spoken in Malay language; a crashing sound - as if from many landslides - broke in; echoes and gloomy wind filled the library. Gray heard all of this in his mind. He looked around, and the silence that set instantly dispersed the sonorous web of his fantasy; his tie with the storm was lost.

крайнюю напряженность внимания, обращенного к чему-то на палубе, невидимой зрителю. Завернутые полы его кафтана трепались ветром; белая коса и черная шпага вытянуто рвались в воздух; богатство костюма выказывало в нем капитана, танцующее положение тела – взмах вала; без шляпы, он был, видимо, поглощен опасным моментом и кричал – но что? Видел ли он, как валится за борт человек, приказывал ли повернуть на другой галс или, заглушая ветер, звал боцмана?

Не мысли, но тени этих мыслей выросли в душе Грэя, пока он смотрел картину. Вдруг показалось ему, что слева подошел, став рядом, неизвестный невидимый; стоило повернуть голову, как причудливое ощущение исчезло бы без следа. Грэй знал это. Но он не погасил воображения, а прислушался. Беззвучный голос выкрикнул несколько отрывистых фраз, непонятных, как малайский язык; раздался шум как бы долгих обвалов; эхо и мрачный ветер наполнили библиотеку. Все это Грэй слышал внутри себя. Он осмотрелся: мгновенно вставшая тишина рассеяла звучную паутину фантазии; связь с бурей исчезла.

Several times Gray came back to view this painting. It became that keyword in conversations between his soul and his life which he needed to understand himself. The great sea gradually found a place in the teenager's heart. He became deeply familiar with it, rummaging through the library books, seeking out and eagerly reading the ones, behind whose golden folds the blue glow of the ocean opened up. Ships sailed there, sowing foam behind the stern. Some of them lost their sails, masts and, choked on waves, fell into the darkness of the deep, where strange fish flickered with their phosphorescent eyes. Others, captured by the swash, were battered against the reefs; the subsiding storms menacingly shook their hulls, and the deserted ships with their ruptured rigging agonized until a new storm would shatter them to bits. Others loaded cargo at one port and, having performed a routine voyage, unloaded it at another; their crews, sitting at a tavern table, praised their sailings and lovingly drank vodka. There were also pirates' ships flying the flag of *The Jolly Roger* with frightening, knife-swinging crews; there were ghost ships, eradiating deathly light of blue illumination; there were warships with soldiers, cannons, and music; ships of scientific expeditions, studying volcanoes, flora, and fauna; ships enwrapped in grim mystery and mutinies;

Грэй несколько раз приходил смотреть эту картину. Она стала для него тем нужным словом в беседе души с жизнью, без которого трудно понять себя. В маленьком мальчике постепенно укладывалось огромное море. Он сжился с ним, роясь в библиотеке, выискивая и жадно читая те книги, за золотой дверью которых открывалось синее сияние океана. Там, сея за кормой пену, двигались корабли. Часть их теряла паруса, мачты и, захлебываясь волной, опускалась в тьму пучин, где мелькают фосфорические глаза рыб. Другие, схваченные бурунами, бились о рифы; утихающее волнение грозно шатало корпус; обезлюдевший корабль с порванными снастями переживал долгую агонию, пока новый шторм не разносил его в щепки. Третьи благополучно грузились в одном порту и выгружались в другом; экипаж, сидя за трактирным столом, воспевал плавание и любовно пил водку. Были там еще корабли-пираты, с черным флагом и страшной, размахивающей ножами командой; корабли-призраки, сияющие мертвенным светом синего озарения; военные корабли с солдатами, пушками и музыкой; корабли научных экспедиций, высматривающие вулканы, растения и животных; корабли с мрачной тайной и бунтами;

there were ships of discovery and ships of adventure.

Naturally, the figure of the captain towered above all in this world. He was the destiny, the soul, and the brain of his ship. His character defined the leisure and work of his crew. The crew itself was chosen by him personally and in many ways met his inclinations. He knew the habits and family matters of each of his crew. In the eyes of his subordinates, he possessed the magical knowledge to confidently go, say, from Lisbon to Shanghai, across vast spaces. He fought a storm using a system of sophisticated measures, suppressing panic with curt commands; he sailed and stopped where he wanted and was in charge of departures and loading, repairs and recreation; a higher and wiser power in a live enterprise full of constant movement was hard to imagine. The captain's sovereign and complete authority was equal only to the power of Orpheus.

Such understanding of the captain's role, the image and the true reality of his position occupied the main place in Gray's brilliant mind and heart. No other profession but this could so successfully fuse into a single whole all the treasures of human life, at the same time

В этом мире, естественно, возвышалась над всем фигура капитана. Он был судьбой, душой и разумом корабля. Его характер определял досуга и работу команды. Сама команда подбиралась им лично и во многом отвечала его наклонностям. Он знал привычки и семейные дела каждого человека. Он обладал в глазах подчиненных магическим знанием, благодаря которому уверенно шел, скажем, из Лиссабона в Шанхай, по необозримым пространствам. Он отражал бурю противодействием системы сложных усилий, убивая панику короткими приказаниями; плавал и останавливался, где хотел; распоряжался отплытием и нагрузкой, ремонтом и отдыхом; большую и разумнейшую власть в живом деле, полном непрерывного движения, трудно было представить. Эта власть замкнутостью и полнотой равнялась власти Орфея.

Такое представление о капитане, такой образ и такая истинная действительность его положения заняли, по праву душевных событий, главное место в блистающем сознании Грэя. Никакая профессия, кроме этой, не могла бы так удачно

preserving a thin pattern of each individual joy. Danger; risk; the power of nature; the light of a distant land; the wonderful unknown; sparkling love with its dating and parting; a fascinating whirl of encounters, faces, and events; the immense diversity of life; alternation of the Southern Cross and the Big Dipper high in the sky; all the continents in your sharp eyes, while your cabin is full of your homeland with its books, pictures, letters, and dried flowers, entwined by a lock of silky hair of your loved one, in a suede amulet on your firm chest.

In the fall of his fifteenth year, Arthur Gray secretly ran away from home and crossed the golden gates of the sea. Soon after, the schooner *Anselm* left the port of Dubelt for Marseille, carrying away one shipboy who had small hands and the appearance of a girl disguised as a boy. It was Gray, the owner of an elegant valise, patent leather boots as fine as gloves, and cambric underwear embroidered with a crown crest.

During the next year, while *The Anselm* sailed to France, America, and Spain, Gray squandered a part of his money on pastries, paying tribute to the past, and the rest - tribute to the present and

сплавить в одно целое все сокровища жизни, сохранив неприкосновенным тончайший узор каждого отдельного счастья. Опасность, риск, власть природы, свет далекой страны, чудесная неизвестность, мелькающая любовь, цветущая свиданием и разлукой; увлекательное кипение встреч, лиц, событий; безмерное разнообразие жизни, между тем как высоко в небе то Южный Крест, то Медведица, и все материки — в зорких глазах, хотя твоя каюта полна непокидающей родины с ее книгами, картинами, письмами и сухими цветами, обвитыми шелковистым локоном в замшевой ладанке на твердой груди.

Осенью, на пятнадцатом году жизни, Артур Грэй тайно покинул дом и проник за золотые ворота моря. Вскорости из порта Дубельт вышла в Марсель шхуна Ансельм, увозя юнгу с маленькими руками и внешностью переодетой девочки. Этот юнга был Грэй, обладатель изящного саквояжа, тонких, как перчатка, лакированных сапожков и батистового белья с вытканными коронами.

В течение года, пока Ансельм посещал Францию, Америку и Испанию, Грэй промотал часть своего имущества на пирожном, отдавая этим дань прошлому, а остальную часть —

future - he lost at cards. He wanted to be a devil of a seaman. Choking, Gray downed vodka; with a sinking heart he dove into the water from a height of sixteen feet. Little by little, he lost everything but the main thing - his strange, soaring soul; he lost his pallor and fragility and became dark-tanned and big-boned with strong muscles; his hands acquired confident accuracy of a workman in exchange for their former careless movements; his thoughtful eyes gained radiance as in a man staring at a fire. And his speech, having lost the uneven, haughtily shy liquidity, became as brusque and exacting as a hit of a seagull attacking the quivering silver of fish.

The *Anselm*'s captain was a good person but a stern seaman who took the boy on board out of malice. The captain saw only an eccentric whim in Gray's desperate desire to become a sailor and gloatingly anticipated that in a couple months Gray would tell him, avoiding eye contact, "Captain Hop, I've skinned my elbows climbing the rigs, my sides and back ache, my fingers do not clench, my head throbs, and my legs shake. All of these wet ropes are way too heavy for my hands; all these lifelines, shrouds, windlasses, cables, topmasts, and crosstrees were made to torture my

для настоящего и будущего — проиграл в карты. Он хотел быть "дьявольским" моряком. Он, задыхаясь, пил водку, а на купаньи, с замирающим сердцем, прыгал в воду головой вниз с двухсаженной высоты. По-немногу он потерял все, кроме главного — своей странной летящей души; он потерял слабость, став широк костью и крепок мускулами, бледность заменил темным загаром, изысканную беспечность движений отдал за уверенную меткость работающей руки, а в его думающих глазах отразился блеск, как у человека, смотрящего на огонь. И его речь, утратив неравномерную, надменно застенчивую текучесть, стала краткой и точной, как удар чайки в струю за трепетным серебром рыб.

Капитан Ансельма был добрый человек, но суровый моряк, взявший мальчика из некоего злорадства. В отчаянном желании Грэя он видел лишь эксцентрическую прихоть и заранее торжествовал, представляя, как месяца через два Грэй скажет ему, избегая смотреть в глаза: "Капитан Гоп, я ободрал локти, ползая по снастям; у меня болят бока и спина, пальцы не разгибаются, голова трещит, а ноги трясутся. Все эти мокрые канаты в два пуда на весу рук; все эти леера, ванты, брашпили, тросы, стеньги и саллинги созданы на

delicate body. I want to go back to my mother."

After imagining this statement in his mind, Captain Hop would respond, also in the mind's eye, "Go wherever you want to, my little bird. If tar stuck to your delicate wings, you can clean them off at home with *Rose-Mimosa* cologne." This fictional cologne, whose name he had cooked up himself, most pleased the captain and, finishing his imaginary rebuke, he would repeat aloud, "Yes, go to your *Rose Mimosa.*"

With time, this impressive dialogue came to the captain's mind less and less frequently, as Gray worked toward his goal with his teeth clenched and face pale from tiredness. He endured his restless job with a resolute effort of his willpower, feeling that it was becoming easier and easier as the stern ship fused with his body, and his skill superseded his clumsiness. From time to time, a loop of the anchor chain knocked him off his feet, banging him against the deck; or a cable, left untied, was pulled out of his hands, tearing skin off his palms; or the wind smashed him in the face with an iron ring sewn into the wet sail corner; in short, his work was torture that demanded his paramount attention; but no matter how hard he breathed barely straightening his back, a derisive smile

мучение моему нежному телу. Я хочу к маме."

Выслушав мысленно такое заявление, капитан Гоп держал, мысленно же, следующую речь: "Отправляйтесь куда хотите, мой птенчик. Если к вашим чувствительным крылышкам пристала смола, вы можете отмыть ее дома одеколоном 'Роза-Мимоза'." Этот выдуманный Гопом одеколон более всего радовал капитана и, закончив воображенную отповедь, он вслух повторял: "Да. Ступайте к 'Розе-Мимозе'."

Между тем внушительный диалог приходил на ум капитану все реже и реже, так как Грэй шел к цели с стиснутыми зубами и побледневшим лицом. Он выносил беспокойный труд с решительным напряжением воли, чувствуя, что ему становится все легче и легче по мере того, как суровый корабль вламывался в его организм, а неумение заменялось привычкой. Случалось, что петлей якорной цепи его сшибало с ног, ударяя о палубу, что непридержанный у кнека канат вырывался из рук, сдирая с ладоней кожу, что ветер бил его по лицу мокрым углом паруса с вшитым в него железным кольцом, и, короче сказать, вся работа являлась пыткой, требующей пристального внимания, но, как ни тяжело он дышал, с трудом

never left his face. In silence he endured all the taunts, bullying, and inevitable cursing, until he became quite at home in his new environment, but since then he always wrestled back at each and every insult.

Once Captain Hop, watching as Gray skillfully tied a sail to the yard, said to himself, "He has won, that rascal." When Gray came down to the deck, Hop called him into his cabin and, opening a tattered book, said, "Listen here! Quit smoking! We shall start shaping a puppy into a captain."

And he began reading - or rather, shouting - the ancient words of the sea from the book. This was Gray's first lesson. Within a year he learned navigation, seamanship, shipbuilding, maritime law, sailing directions, and bookkeeping. Captain Hop held out his hand to Gray and treated him as his equal.

A letter from his mother, full of tears and fear, caught up with Gray in Vancouver. He replied: "I know. But if you had seen things like I do, had looked through my eyes; if you had heard things like I do: put a seashell to your ear - it holds the music of eternal waves; if you had loved as I do - all this, I would have found in your letter, besides your love

разгибая спину, улыбка презрения не оставляла его лица. Он молча сносил насмешки, издевательства и неизбежную брань, до тех пор пока не стал в новой сфере "своим", но с этого времени неизменно отвечал боксом на всякое оскорбление.

Однажды капитан Гоп, увидев, как он мастерски вяжет на рею парус, сказал себе: "Победа на твоей стороне, плут". Когда Грэй спустился на палубу, Гоп вызвал его в каюту и, раскрыв истрепанную книгу, сказал: "Слушай внимательно! Брось курить! Начинается отделка щенка под капитана."

И он стал читать — вернее, говорить и кричать — по книге древние слова моря. Это был первый урок Грэя. В течение года он познакомился с навигацией, практикой, кораблестроением, морским правом, лоцией и бухгалтерией. Капитан Гоп подавал ему руку и говорил: "Мы".

В Ванкувере Грэя поймало письмо матери, полное слез и страха. Он ответил: "Я знаю. Но если бы ты видела, как я; посмотри моими глазами. Если бы ты слышала, как я: приложи к уху раковину: в ней шум вечной волны; если бы ты любила, как я — всё, в твоем письме я нашел бы, кроме любви и чека, — улыбку…" И

and a check, your smile..." And he continued to sail until *Anselm* arrived with a cargo to the port of Dubelt, from where, while the ship was docked, twenty-year-old Gray went ashore to visit his castle. Everything was the same, as inviolable in detail and in general impression as it had been five years ago; only the foliage of young elms became thicker, and their pattern on the facade of the building shifted and expanded.

Servants, who gleefully gathered around him, startled, and stood still in the same reverence as if he had never left. They told him where his mother was; he went to the high-ceilinged room and, quietly closing the door, stopped silently, gazing at a grizzled woman in a black dress. She stood before a crucifix, and her passionate whisper was deep-toned as the pounding of the heart. "Bless those at sea, the travelers, the sick, the sufferers, and the captives," Gray listened to her prayer, trying to constrain his breathing. She continued, "And my boy..." Then he broke in: "I'm..." - he could no longer utter anything.

His mother turned to him. She had become thinner: the haughtiness of her fine face was lit with a new expression, like fresh breath of youth. She quickly

он продолжал плавать, пока Ансельм не прибыл с грузом в Дубельт, откуда, пользуясь остановкой, двадцатилетний Грэй отправился навестить замок. Все было то же кругом; так же нерушимо в подробностях и в общем впечатлении, как пять лет назад, лишь гуще стала листва молодых вязов; ее узор на фасаде здания сдвинулся и разросся.

Слуги, сбежавшиеся к нему, обрадовались, встрепенулись и замерли в той же почтительности, с какой, как бы не далее как вчера, встречали этого Грэя. Ему сказали, где мать; он прошел в высокое помещение и, тихо прикрыв дверь, неслышно остановился, смотря на поседевшую женщину в черном платье. Она стояла перед распятием: ее страстный шепот был звучен, как полное биение сердца. "О плавающих, путешествующих, болеющих, страдающих и плененных," слышал, коротко дыша, Грэй. Затем было сказано: "и мальчику моему..." Тогда он сказал: "Я ..." Но больше не мог ничего выговорить.

Мать обернулась. Она похудела: в надменности ее тонкого лица светилось новое выражение, подобное возвращенной юности. Она

approached her son: a burst of deep laugh, a restrained exclamation, and tears in her eyes - that was all. But in that moment she lived fuller and happier than ever in her entire previous life. "I recognized you instantly, oh my darling, my little one!" And Gray immediately ceased being a grown-up. He was told about the death of his father, and then he spoke of himself. She listened without reproach or objection, but what he claimed was the essence of his life she saw only as new toys which were amusing her boy. These toys were the continents, oceans, and ships.

Gray stayed at the castle for seven days; on the eighth, he returned to Dubelt with a large sum of money and told Captain Hop, "Thank you. You have been a good friend. Farewell, my senior comrade." He proved the truth behind his words with a handshake, as strong as an iron vice. "Now I shall sail alone, on my own ship." Hop flushed, spat, pulled his hand free, and walked off, but Gray caught up and hugged him. And they sat down in a tavern, all together, twenty-four men of the crew, and shouted and sang and ate and drank their fill - all that was in the bar and in the kitchen.

Soon after, an evening star flashed above

стремительно подошла к сыну; короткий грудной смех, сдержанное восклицание и слезы в глазах — вот все. Но в эту минуту она жила сильнее и лучше, чем за всю жизнь. "Я сразу узнала тебя, о, мой милый, мой маленький!" И Грэй действительно перестал быть большим. Он выслушал о смерти отца, затем рассказал о себе. Она внимала без упреков и возражений, но про себя — во всем, что он утверждал, как истину своей жизни, — видела лишь игрушки, которыми забавляется ее мальчик. Такими игрушками были материки, океаны и корабли.

Грэй пробыл в замке семь дней; на восьмой день, взяв крупную сумму денег, он вернулся в Дубельт и сказал капитану Гопу: "Благодарю. Вы были добрым товарищем. Прощай же, старший товарищ," здесь он закрепил истинное значение этого слова жутким, как тиски, рукопожатием, "теперь я буду плавать отдельно, на собственном корабле." Гоп вспыхнул, плюнул, вырвал руку и пошел прочь, но Грэй, догнав, обнял его. И они уселись в гостинице, все вместе, двадцать четыре человека с командой, и пили, и кричали, и пели, и выпили и съели все, что было на буфете и в кухне.

Прошло еще мало времени, и в порте

the black line of a new mast in the port of Dubelt. It was *The Secret* bought by Gray, a three-masted galliot of two hundred and sixty tons' displacement. As the captain and ship owner, Arthur Gray sailed it for another four years, until his destiny brought him to Liss. But he always remembered his mother's burst of deep laugh, full of the music of her heart, which had greeted him at home. Twice a year he visited his castle, leaving to the woman with silver hair an uncertain hope that such a big boy, perhaps, could handle his toys.

Дубельт вечерняя звезда сверкнула над черной линией новой мачты. То был Секрет, купленный Грэем; трехмачтовый галиот в двести шестьдесят тонн. Так, капитаном и собственником корабля Артур Грэй плавал еще четыре года, пока судьба не привела его в Лисе. Но он уже навсегда запомнил тот короткий грудной смех, полный сердечной музыки, каким встретили его дома, и раза два в год посещал замок, оставляя женщине с серебряными волосами нетвердую уверенность в том, что такой большой мальчик, пожалуй, справится с своими игрушками.

3 DAWN

The stream of foam cast off by the stern of Gray's *Secret* passed through the sea as a white line and vanished in the blaze of evening lights of Liss. The ship anchored near the lighthouse.

For ten days, *The Secret* unloaded silk, coffee, and tea; the eleventh day its crew spent ashore, relaxing and enjoying taste of wine; on the twelfth day Gray fell into a deep melancholy for no apparent reason, not understanding himself. In the morning, barely awake, he felt that the day began badly. He dressed downheartedly, had breakfast reluctantly, forgot to read the newspaper, and smoked for a long time, immersed in the ineffable world of aimless tension; his unrecognized desires wandered among vaguely emerging thoughts, mutually destroying themselves. Then he found a job to do.

Accompanied by his boatswain, Gray

3 РАССВЕТ

Струя пены, отбрасываемая кормой корабля Грэя Секрет, прошла через океан белой чертой и погасла в блеске вечерних огней Лисса. Корабль встал на рейде недалеко от маяка.

Десять дней Секрет выгружал чесучу, кофе и чай, одиннадцатый день команда провела на берегу, в отдыхе и винных парах; на двенадцатый день Грэй глухо затосковал, без всякой причины, не понимая тоски. Еще утром, едва проснувшись, он уже почувствовал, что этот день начался в черных лучах. Он мрачно оделся, неохотно позавтракал, забыл прочитать газету и долго курил, погруженный в невыразимый мир бесцельного напряжения; среди смутно возникающих слов бродили непризнанные желания, взаимно уничтожая себя равным усилием. Тогда он занялся делом.

В сопровождении боцмана Грэй

inspected his ship, ordered the crew to tighten up the shrouds, loose the steering chain, clean the hawse, change the jib, tar the deck, wipe clean the compass, and open, air, and sweep out the cargo hold. But this work did not dispel his melancholy. Full of anxious attention to the despondency of the day, he lived it out irritably and sadly, as if he had been called by someone, but he forgot who it was and where he was invited to go.

In the evening he seated himself in his cabin, picked up a book, and argued with the author for long, making notes of a paradoxical character in the margins. For some time he was amused by this game, this conversation with the dead whose thoughts from the grave occupied Gray's mind. Then he took up his pipe and drowned himself in the blue smoke among the ghostly arabesques emerging in the fleeting layers of the fumes. Tobacco is awfully potent; like oil spilled onto the surging waves softens their rage, tobacco soothes irritated feelings and dulls emotions by a few shades down so that they become more harmonious and musical. After three pipes, Gray's anguish lost its aggressive tone and turned into a meditation at last. He stayed in such condition for about an hour; when the fog in his soul had dissipated, Gray got up and, wanting some motion, climbed on deck.

осмотрел корабль, велел подтянуть ванты, ослабить штуртрос, почистить клюзы, переменить кливер, просмолить палубу, вычистить компас, открыть, проветрить и вымести трюм. Но дело не развлекало Грэя. Полный тревожного внимания к тоскливости дня, он прожил его раздражительно и печально: его как бы позвал кто-то, но он забыл, кто и куда.

Под вечер он уселся в каюте, взял книгу и долго возражал автору, делая на полях заметки парадоксального свойства. Некоторое время его забавляла эта игра, эта беседа с властвующим из гроба мертвым. Затем, взяв трубку, он утонул в синем дыме, живя среди призрачных арабесок, возникающих в его зыбких слоях. Табак страшно могуч; как масло, вылитое в скачущий разрыв волн, смиряет их бешенство, так и табак: смягчая раздражение чувств, он сводит их несколькими тонами ниже; они звучат плавнее и музыкальнее. Поэтому тоска Грэя, утратив наконец после трех трубок наступательное значение, перешла в задумчивую рассеянность. Такое состояние длилось еще около часа; когда исчез душевный туман, Грэй очнулся, захотел движения и вышел на палубу.

It was midnight. The stars and mast lights dozed in the sleepy black water. The air, warm as a cheek, smelled of the sea. Gray raised his head and squinted at the golden charcoal of the stars; instantly, via infinite remoteness, a fiery needle of a distant planet pierced his pupils. Dull noise of the evening town reached him from the depth of the bay; sometimes responsive wind brought in a phrase from the shore; it sounded clearly, as if it was said on the deck, and then was snuffed out by the creaking of the masts. A match flared on the forecastle deck, lighting up someone's fingers, round eyes, and mustache. Gray whistled, and the flame in the pipe flew closer to him; soon, in the darkness, the captain discerned his watchman's face and hands.

"Tell Letika," Gray said, "he shall go with me. Let him take along the fishing gear."

He went down into a rowing boat, where he waited for Letika for about ten minutes. Letika, a nimble, roguish fellow, banged the oars against the boat's sides, as he passed them to Gray; then he climbed down himself, set up the oars, and put a bag with food into the stern of the boat. Gray sat at the helm.

"Where do you command to go, captain?" Letika asked, turning the boat

Была полная ночь; за бортом в сне черной воды дремали звезды и огни мачтовых фонарей. Теплый, как щека, воздух пахнул морем. Грэй, поднял голову, прищурился на золотой уголь звезды; мгновенно через умопомрачительность миль проникла в его зрачки огненная игла далекой планеты. Глухой шум вечернего города достигал слуха из глубины залива; иногда с ветром по чуткой воде влетала береговая фраза, сказанная как бы на палубе; ясно прозвучав, она гасла в скрипе снастей; на баке вспыхнула спичка, осветив пальцы, круглые глаза и усы. Грэй свистнул; огонь трубки двинулся и поплыл к нему; скоро капитан увидел во тьме руки и лицо вахтенного.

"Передай Летике," сказал Грэй, "что он поедет со мной. Пусть возьмет удочки."

Он спустился в шлюп, где ждал минут десять. Летика, проворный, жуликоватый парень, загремев о борт веслами, подал их Грэю; затем спустился сам, наладил уключины и сунул мешок с провизией в корму шлюпа. Грэй сел к рулю.

"Куда прикажете плыть, капитан?" спросил Летика, кружа лодку правым

with the right oar.

The captain was silent. Letika knew that one could not disturb the captain's thoughts, and hence, silent himself, he began to row hard.

Gray settled on the course into the open sea, then along the left bank. He did not care where they shall sail. The steering wheel buzzed, the oars dinned and splashed; everything else was sea and silence.

During the day, one listens to so many thoughts, impressions, speeches, and words that all of them together could fill a few thick books. The face of a day acquires a certain expression; but today Gray vainly peered into this face. Its vague features glowed with one of those feelings which are plentiful, but nameless. No matter how one might call them, they will always remain beyond the scope of words and even ideas, just like the fleeting impression of perfume. Gray was gripped by one such feeling now; he could have said: "I am waiting, I see, I will soon know...", but even these words were no more than a few light brush strokes in the grand design of the whole. In this feeling, there was also the power of radiant excitement.

To their left the bank emerged as wavy,

веслом.

Капитан молчал. Матрос знал, что в это молчание нельзя вставлять слова, и поэтому, замолчав сам, стал сильно грести.

Грэй взял направление к открытому морю, затем стал держаться левого берега. Ему было все равно, куда плыть. Руль глухо журчал; звякали и плескали весла, все остальное было морем и тишиной.

В течение дня человек внимает такому множеству мыслей, впечатлений, речей и слов, что все это составило бы не одну толстую книгу. Лицо дня приобретает определенное выражение, но Грэй сегодня тщетно вглядывался в это лицо. В его смутных чертах светилось одно из тех чувств, каких много, но которым не дано имени. Как их ни называть, они останутся навсегда вне слов и даже понятий, подобные внушению аромата. Во власти такого чувства был теперь Грэй; он мог бы, правда, сказать: "Я жду, я вижу, я скоро узнаю…", но даже эти слова равнялись не большему, чем отдельные чертежи в отношении архитектурного замысла. В этих веяниях была еще сила светлого возбуждения.

Там, где они плыли, слева волнистым

thickening blackness. Chimney sparks floated above the red glass windows: it was Kaperna. Gray heard bickering and barking. The lights of the village resembled a stove door with burned through tiny holes, through which one could see the flaming coal. The sea rested to the right, as distinct as presence of a sleeping man. After passing Kaperna, Gray turned to the bank. The waves were quiet there. Lighting his lantern, he saw a steep cliff and its upper, overhanging ledges; he liked the place.

"We shall fish here," Gray said, patting the oarsman's shoulder.

The sailor grunted vaguely.

"First time I have sailed with such a captain," he mumbled. "He is able, but not ordinary. A difficult captain. Though I like him anyway."

He stuck the oar into the mud and tied the boat to it. Then both of them climbed up the rocks that rolled out from under their knees and elbows. A thicket stretched from the cliff. Soon one could hear an axe splitting a trunk of a dead tree; having felled the tree, Letika lit a fire. Shadows and reflections of the flame in the water came into motion; retreat of the darkness exhibited grass

сгущением тьмы проступал берег. Над красным стеклом окон носились искры дымовых труб; это была Каперна. Грэй слышал перебранку и лай. Огни деревни напоминали печную дверцу, прогоревшую дырочками, сквозь которые виден пылающий уголь. Направо был океан, явственный, как присутствие спящего человека. Миновав Каперну, Грэй повернул к берегу. Здесь тихо прибивало водой; засветив фонарь, он увидел ямы обрыва и его верхние, нависшие выступы; это место ему понравилось.

"Здесь будем ловить рыбу," сказал Грэй, хлопая гребца по плечу.

Матрос неопределенно хмыкнул.

"Первый раз плаваю с таким капитаном," пробормотал он. "Капитан дельный, но непохожий. Загвоздистый капитан. Впрочем, люблю его."

Забив весло в ил, он привязал к нему лодку, и оба поднялись вверх, карабкаясь по выскакивающим из-под колен и локтей камням. От обрыва тянулась чаща. Раздался стук топора, ссекающего сухой ствол; повалив дерево, Летика развел костер на обрыве. Двинулись тени и отраженное водой пламя; в отступившем мраке высветились трава и ветви; над

and branches. The air above the fire mingled with smoke, sparkled and trembled.

Gray sat by the campfire.

"Well," he said, holding a bottle, "have a drink, my friend Letika, to the health of all non-drinkers. By the way, you have picked up the ginger drink, not the quinine one."

"Sorry, captain," the sailor said, catching his breath. "Let me have a bite of this..." He bit off half of a grilled chicken in a single bite, and, taking a wing bone out of his mouth, he continued, "I know you like the quinine one. But it was dark, and I was in a hurry. Ginger, you know, hardens a man. When I feel like fighting, I drink the ginger one." While the captain was eating and drinking, the sailor kept glancing askance at him; then, unable to restrain himself, he asked, "They say you come from a noble family, captain. Is that true?"

"That does not matter, Letika. Grab your gear and go fishing, if you want."

"How about you?"

"About me? I don't know. Maybe. But... later."

Letika unwound the string from the fishing rod, whistling rhymes - something he was a master at, to the

костром, перевитый дымом, сверкая, дрожал воздух.

Грэй сел у костра.

"Ну-ка," сказал он, протягивая бутылку, "выпей, друг Летика, за здоровье всех трезвенников. Кстати, ты взял не хинную, а имбирную."

"Простите, капитан," ответил матрос, переводя дух. "Разрешите закусить этим..." Он оттрыз сразу половину цыпленка и, вынув изо рта крылышко, продолжал: "Я знаю, что вы любите хинную. Только было темно, а я торопился. Имбирь, понимаете, ожесточает человека. Когда мне нужно подраться, я пью имбирную." Пока капитан ел и пил, матрос искоса посматривал на него, затем, не удержавшись, сказал: "Правда ли, капитан, что говорят, будто бы родом вы из знатного семейства?"

"Это не интересно, Летика. Бери удочку и лови, если хочешь."

"А вы?"

"Я? Не знаю. Может быть. Но... потом."

Летика размотал удочку, приговаривая стихами, на что был мастер, к великому восхищению команды:

delight of the crew:

"From lace and wood I made a whip,
 Attached a hook, and went on a trip".

Poking his finger in a box of worms, he intoned:

"This worm had wandered in the dirt unaware of his fate,
But now he knows how it hurts to become a ledger-bait."

Finally he walked off, signing:

"Quiver, cod, flutter, sole!
Letika will catch you all!"

Gray lay down by the campfire, staring at its reflection in the water. He allowed his mind to wander. In this condition, one's mind absently retains the surrounding, seeing it as if through a haze; thoughts race like steeds through a crowd - trampling, pushing aside, and halting; emptiness, confusion, and torpor are the mind's alternate companions at that. Thoughts wander in the souls of things; from bright excitement they hurry up to arcane subtleties, whirl on earth and in the sky alike, chat lively with imaginary faces, stifle and decorate memories. In their cloudy motion all is live, tangible, and rambling as in fever. And often the relaxing mind smiles, when it sees as a totally inopportune visitor - an unbidden image such as a twig, broken two years

"Из шнурка и деревяшки я изладил длинный хлыст
И, крючок к нему приделав, испустил протяжный свист."

Затем он пощекотал пальцем в коробке червей:

"Этот червь в земле скитался и своей был жизни рад,
А теперь на крюк попался – и его сомы съедят."

Наконец, он ушел с пением:

"Ночь тиха, прекрасна водка,
Трепещите, осетры, хлопнись в обморок, селедка,
Удит Летика с горы!"

Грэй лег у костра, смотря на отражавшую огонь воду. Он думал, но без участия воли; в этом состоянии мысль, рассеянно удерживая окружающее, смутно видит его; она мчится, подобно коню в тесной толпе, давя, расталкивая и останавливая; пустота, смятение и задержка попеременно сопутствуют ей. Она бродит в душе вещей; от яркого волнения спешит к тайным намекам; кружится по земле и небу, жизненно беседует с воображенными лицами, гасит и украшает воспоминания. В облачном движении этом все живо и выпукло и все бессвязно, как бред. И часто улыбается отдыхающее сознание, видя, например, как в размышление о

ago - interrupts its thoughts on life. Thus Gray pondered, sitting by the fire but being somewhere far away - not there.

The elbow that he propped his head on became drenched and numb. Stars bleakly shone above, and the night was full of the intensity that precedes the dawn. The captain started falling asleep without noticing it. He felt like having another drink, so he reached for his bag, untying it already in his sleep. Then he stopped dozing; the next two hours lasted no longer for him than the few seconds during which he leaned his head on his arms. Meanwhile, Letika came by the campfire twice, smoked, and looked into the mouths of the fish he had caught, curious to see if anything was in there. But nothing was inside of them, of course.

Waking up, Gray for a moment forgot how he had gotten to that place. Astonished, he looked at the cheerful glint of the morning, at the cliff edge hiding among the trees, and at the glowing blue expanse; hazel leaves hung over the horizon as well as over his feet. Under the cliff - it seemed like directly underneath Gray's back - the tide hissed quietly. A drop of dew, quickly sliding off a leaf, spread over his sleepy face as a cold swat. He rose. Light triumphed

судьбе вдруг жалует гостем образ совершенно неподходящий: какой-нибудь прутик, сломанный два года назад. Так думал у костра Грэй, но был "где-то" – не здесь.

Локоть, которым он опирался, поддерживая рукой голову, просырел и затек. Бледно светились звезды, мрак усилился напряжением, предшествующим рассвету. Капитан стал засыпать, но не замечал этого. Ему захотелось выпить, и он потянулся к мешку, развязывая его уже во сне. Затем ему перестало сниться; следующие два часа были для Грэя не долее тех секунд, в течение которых он склонился головой на руки. За это время Летика появлялся у костра дважды, курил и засматривал из любопытства в рот пойманным рыбам – что там? Но там, само собой, ничего не было.

Проснувшись, Грэй на мгновение забыл, как попал в эти места. С изумлением видел он счастливый блеск утра, обрыв берега среди этих ветвей и пылающую синюю даль; над горизонтом, но в то же время и над его ногами висели листья орешника. Внизу обрыва – с впечатлением, что под самой спиной Грэя – шипел тихий прибой. Мелькнув с листа, капля росы растеклась по сонному лицу холодным шлепком. Он встал.

everywhere. Cooled embers of the campfire clung to life with thin wisps of smoke. Their smell imparted a wild charm to the pleasure of breathing the air of forest greenery.

Letika was not seen; he was carried away, as he fished, sweating, with the ardor of a gambler. Gray came out of the woods into the shrubs scattered along the slope. The grass smoked and flamed; wet flowers looked like children forcibly drenched in cold water. The green world breathed with a multitude of tiny mouths, blocking Gray's way through their joyful tightness. The captain came out to the clearing overgrown with motley grass and saw a sleeping young woman.

He quietly moved a branch aside and stopped, sensing that he had made a dangerous find. No farther than five steps away, wearied Soll slept in the grass curled up, with one leg stretched out and the other bent, her head lying on her conveniently tucked hands. Her hair was in a mess. A clasp of her dress was unbuttoned at the neck, revealing a patch of white skin. Her tumbled skirt exposed her knees; her eyelashes slept on her cheek in the shadow of her tenderly shaped temple, half-hidden by a dark lock of hair; the little finger of her right

Везде торжествовал свет. Остывшие головни костра цеплялись за жизнь тонкой струёй дыма. Его запах придавал удовольствию дышать воздухом лесной зелени дикую прелесть.

Летики не было; он увлекся; он, вспотев, удил с увлечением азартного игрока. Грэй вышел из чащи в кустарник, разбросанный по скату холма. Дымилась и горела трава; влажные цветы выглядели как дети, насильно умытые холодной водой. Зеленый мир дышал бесчисленностью крошечных ртов, мешая проходить Грэю среди своей ликующей тесноты. Капитан выбрался на открытое место, заросшее пестрой травой, и увидел здесь спящую молодую девушку.

Он тихо отвел рукой ветку и остановился с чувством опасной находки. Не далее как в пяти шагах, свернувшись, подобрав одну ножку и вытянув другую, лежала головой на уютно подвернутых руках утомившаяся Ассоль. Ее волосы сдвинулись в беспорядке; у шеи расстегнулась пуговица, открыв белую ямку; раскинувшаяся юбка обнажала колени; ресницы спали на щеке, в тени нежного, выпуклого виска, полузакрытого темной прядью; мизинец правой руки, бывшей под

hand, on which she slept, was curled over the back of her head. Gray squatted, looking into the girl's face from below, not suspecting that he resembled the Faun from Arnold Böcklin's painting.

Perhaps, under other circumstances, he would have just glanced at her once, but now he saw her differently. Everything was deeply moved inside him; everything smiled. Of course, he did not know her or her name, or even why she fell asleep on the bank, but he was very pleased by this. He loved pictures without captions or explanations. The impression produced by such a picture is matchlessly stronger. Its content, not circumscribed by words, becomes boundless, confirming *all* guesses and ideas.

The shadow from the leaves shortened as the day advanced, but Gray was still sitting in the same uncomfortable position. Everything about the girl was asleep: her dark hair, her dress and its pleats -even the grass near her body seemed to be dreaming out of sympathy for her. Having absorbed her image completely, Gray entered its warm, tempting wave and flew off with it. For a while Letika had been shouting, "Captain, where are you?" but the captain did not hear him.

When Gray finally rose, his propensity for the unusual caught him off guard

головой, пригибался к затылку. Грэй присел на корточки, заглядывая девушке в лицо снизу и не подозревая, что напоминает собой фавна с картины Арнольда Беклина.

Быть может, при других обстоятельствах эта девушка была бы замечена им только глазами, но тут он иначе увидел ее. Все стронулось, все усмехнулось в нем. Разумеется, он не знал ни ее, ни ее имени, ни, тем более, почему она уснула на берегу, но был этим очень доволен. Он любил картины без объяснений и подписей. Впечатление такой картины несравненно сильнее; ее содержание, не связанное словами, становится безграничным, утверждая все догадки и мысли.

Тень листвы подобралась ближе к стволам, а Грэй все еще сидел в той же малоудобной позе. Все спало на девушке: спали темные волосы, спало платье и складки платья; даже трава поблизости ее тела, казалось, задремала в силу сочувствия. Когда впечатление стало полным, Грэй вошел в его теплую подмывающую волну и уплыл с ней. Давно уже Летика кричал: "Капитан, где вы?" но капитан не слышал его.

Когда он наконец встал, склонность к необычному застала его врасплох с

with the determination and inspiration of an angered woman. Yielding to it thoughtfully, he took off the precious antique ring from his finger, thinking, not without reason, that perhaps he was giving the cues to the Destiny by that. He carefully slid the ring on her little finger that glowed white from underneath the back of her head. The finger yanked impatiently and drooped. Having looked again at this sleeping face, Gray turned and spotted in the bushes his seaman's highly raised brows. Open-mouthed, Letika stared at Gray's actions in the kind of astonishment Jonah must have felt in the jaws of his furnished whale.

"Ahh, it's you, Letika!" Gray murmured. "Look at her. Isn't she beautiful?"

"A marvelous painting!" the sailor, who loved bookish expressions, shouted in whisper. "There is something conducive in our circumstances. I caught four eels and something else, as round as a bubble."

"Hush, Letika. Let's get out of here."

The two retreated into the bushes. They should have turned back to the boat now, but Gray hesitated, looking off into the distance at the low bank where the morning smokes of Kaperna's chimneys

решимостью и вдохновением раздраженной женщины. Задумчиво уступая ей, он снял с пальца старинное дорогое кольцо, не без основания размышляя, что, может быть, этим подсказывает жизни нечто существенное, подобное орфографии. Он бережно опустил кольцо на малый мизинец, белевший из-под затылка. Мизинец нетерпеливо двинулся и поник. Взглянув еще раз на это отдыхающее лицо, Грэй повернулся и увидел в кустах высоко поднятые брови матроса. Летика, разинув рот, смотрел на занятия Грэя с таким удивлением, с каким, верно, смотрел Иона на пасть своего меблированного кита.

"А, это ты, Летика!" сказал Грэй. "Посмотри-ка на нее. Что, хороша?"

"Дивное художественное полотно!" шепотом закричал матрос, любивший книжные выражения. "В соображении обстоятельств есть нечто располагающее. Я поймал четыре мурены и еще какую-то толстую, как пузырь."

"Тише, Летика. Уберемся отсюда."

Они отошли в кусты. Им следовало бы теперь повернуть к лодке, но Грэй медлил, рассматривая даль низкого берега, где над зеленью и песком лился утренний дым труб Каперны. В

flew over the greenery and the sand. In the smoke, he discerned the girl's image again. Then he resolutely turned and walked down the slope, to the village; his seaman, not asking what had happened, followed him; Letika sensed again that it would not be appropriate to talk. Approaching the nearest houses, Gray suddenly said, "Can you pick out, Letika, with your experienced eye, where the tavern is?"

"It must be that black roof," Letika guessed. "But maybe it isn't."

"What is so remarkable in that roof?"

"I don't know, Captain. It is nothing more than the voice of my heart."

They came to the house; that was, indeed, the Manners' tavern. Through the opened window, on the table, one could see a bottle; beside it, someone's dirty hand yanked a graying mustache.

Although it was early, there were three guests in the tavern's hall. A coalman, the owner of the drunken grey mustache already mentioned, was sitting at the window; two fishermen were having scrambled eggs and beer between the bar and the inner door. Manners, a tall young man with a dull freckled face and the peculiar expression of sly glibness in his near-sighted eyes which is generally inherent to hucksters, was wiping dishes

этом дыме он снова увидел девушку. Тогда он решительно повернул, спускаясь вдоль склона; матрос, не спрашивая, что случилось, шел сзади; он чувствовал, что вновь наступило обязательное молчание. Уже около первых строений Грэй вдруг сказал: "Не определишь ли ты, Летика, твоим опытным глазом, где здесь трактир?"

"Должно быть, вон та черная крыша," сообразил Летика, – а, впрочем, может, и не она."

"Что же в этой крыше приметного?"

"Сам не знаю, капитан. Ничего больше, как голос сердца."

Они подошли к дому; то был действительно трактир Меннерса. В раскрытом окне, на столе, виднелась бутылка; возле нее чья-то грязная рука доила полуседой ус.

Хотя час был ранний, в общей зале трактирчика расположилось три человека У окна сидел угольщик, обладатель пьяных усов, уже замеченных нами; между буфетом и внутренней дверью зала, за яичницей и пивом помещались два рыбака. Меннерс, длинный молодой парень, с веснушчатым скучным лицом и тем особенным выражением хитрой бойкости в подслеповатых глазах,

behind the bar. Reflection of the window frame lay in the sunlight on the dirty floor.

As soon as Gray stepped into the strip of smoky light, Manners, bowing respectfully, came out from behind his counter. He had immediately recognized a true captain in Gray--the rank he had rarely seen as his guests. Gray had asked for rum. Setting the table with a cloth yellowed from the many years of use, Manners brought a bottle, having licked the corner of the label that had come unstuck. He then returned to his place behind the bar, dividing his attention between Gray and a plate from which he scraped off stuck food with his fingernail.

While Letika, holding his glass with both hands, was shyly whispering something to it, Gray called Manners, looking out the window. Hin smugly settled down on the edge of a chair, flattered by the captain's accost and flattered precisely for that reason that he had been summoned by a simple flexion of Gray's finger.

"You certainly know all the locals here," Gray uttered calmly. "I would like to know the name of a young girl in a kerchief, wearing a dress with pink flowers, fair-haired and of medium height, between seventeen and twenty

какое присуще торгашам вообще, перетирал за стойкой посуду. На грязном полу лежал солнечный переплет окна.

Едва Грэй вступил в полосу дымного света, как Меннерс, почтительно кланяясь, вышел из-за своего прикрытия. Он сразу угадал в Грэе настоящего капитана – разряд гостей, редко им виденных. Грэй спросил рома. Накрыв стол пожелтевшей в суете людской скатертью, Меннерс принес бутылку, лизнув предварительно языком кончик отклеившейся этикетки. Затем он вернулся за стойку, поглядывая внимательно то на Грэя, то на тарелку, с которой отдирал ногтем что-то присохшее.

В то время как Летика, взяв стакан обеими руками, скромно шептался с ним, посматривая в окно, Грэй подозвал Меннерса. Хин самодовольно уселся на кончик стула, польщенный этим обращением и польщенный именно потому, что оно выразилось простым киванием Грэева пальца.

"Вы, разумеется, знаете здесь всех жителей," спокойно заговорил Грэй. "Меня интересует имя молодой девушки в косынке, в платье с розовыми цветочками, темнорусой и невысокой, в возрасте от семнадцати

years of age. I met her nearby. What is her name?"

He said it with a solid plainness of power that did now allow evading his tone. Hin Manners bustled inwardly and even grinned slightly, but outwardly he submitted to the captain's tone. He paused, however, before replying, but only out of a vain desire to guess what was wrong.

"Hmm", he cleared his throat, looking up at the ceiling. "It must be Red-ship Soll; it cannot be anyone else. She is half-witted."

"Really?" Gray said indifferently, taking a big gulp. "How did it happen?"

"Okay, listen here," and Hin told Gray that about seven years ago the girl had conversed on the beach with a gatherer of folk songs. Of course, this story, since the beggar had first disclosed it in the tavern, became a scornful tale, yet its essence remained unchanged. "That's since when she has earned that name," Hin said, "Red-ship Sol."

Gray glanced instinctively at Letika, who remained quietly humble; then the captain's eyes turned to the dusty road

до двадцати лет. Я встретил ее неподалеку отсюда. Как ее имя?"

Он сказал это с твердой простотой силы, не позволяющей увильнуть от данного тона. Хин Меннерс внутренне завертелся и даже ухмыльнулся слегка, но внешне подчинился характеру обращения. Впрочем, прежде чем ответить, он помолчал — единственно из бесплодного желания догадаться, в чем дело.

"Гм!" сказал он, поднимая глаза в потолок. "Это, должно быть, 'Корабельная Ассоль', больше быть некому. Она полоумная."

"В самом деле?" равнодушно сказал Грэй, отпивая крупный глоток. "Как же это случилось?"

"Когда так, извольте послушать." И Хин рассказал Грэю о том, как лет семь назад девочка говорила на берегу моря с собирателем песен. Разумеется, эта история с тех пор, как нищий утвердил ее бытие в том же трактире, приняла очертания грубой и плоской сплетни, но сущность оставалась нетронутой. "С тех пор так ее и зовут," сказал Меннерс, "зовут ее 'Ассоль Корабельная'."

Грэй машинально взглянул на Летику, продолжавшего быть тихим и скромным, затем его глаза обратились

outside the tavern, and he felt as if he had been struck with a twin blow in his heart and his head. The very same Redship Sol, whom Hin had just portrayed in such a clinical manner, walked down the road toward him. Pleasantly surprising features of her face, reminding the mystery of indelibly exciting yet simple words, appeared to him now in the light of her eyes. Letika and Hin both had their backs to the window; in order to make sure that they not turn back accidentally, Gray forced himself to take his gaze off her and look into Hin's foxy eyes. Soll's eyes dissipated all the prejudice he could possibly have after the Manners' story. Meanwhile, suspecting nothing, Hin went on, "Else I can tell you that her father is a scoundrel. He drowned my dad, as if he was a homeless cat, forgive me God. He..."

Hin was interrupted by an unexpected wild roar from behind. The coalman, rolling his eyes ferociously, shook off his drunken stupor, and suddenly snapped into singing, so fierce that everyone started.

"Basket master, basket master, rip off us for your baskets..."

"You are loaded again, you damn whaleboat!" Manners shouted. "Begone!"

к пыльной дороге, пролегающей у трактира, и он ощутил как бы удар — одновременный удар в сердце и голову. По дороге, лицом к нему, шла та самая Корабельная Ассоль, к которой Меннерс только что отнесся клинически. Удивительные черты ее лица, напоминающие тайну неизгладимо волнующих, хотя простых слов, предстали перед ним теперь в свете ее взгляда. Матрос и Меннерс сидели к окну спиной, но, чтобы они случайно не повернулись — Грэй имел мужество отвести взгляд на рыжие глаза Хина. Поле того, как он увидел глаза Ассоль, рассеялась вся косность Меннерсова рассказа. Между тем, ничего не подозревая, Хин продолжал: "Еще могу сообщить вам, что ее отец сущий мерзавец. Он утопил моего папашу, как кошку какую-нибудь, прости господи. Он…"

Его перебил неожиданный дикий рев сзади. Страшно ворочая глазами, угольщик, стряхнув хмельное оцепенение, вдруг рявкнул пением и так свирепо, что все вздрогнули.

"Корзинщик, корзинщик, Дери с нас за корзины!.."

"Опять ты нагрузился, вельбот проклятый!" закричал Меннерс. "Уходи вон!"

"But afraid of falling in our caskets!.." the coalman howled, as if nothing was said, and sunk his mustache in his mug, splashing his drink.

Hin Manners shrugged angrily. "Trash, not a man," he said with the eerie dignity of a miser. "Every time it's the same!"

"Is there anything else you can tell me?" Gray asked.

"Me? I have just told you that her father is a scoundrel. Because of him, sir, I was orphaned and forced to earn my keep by the labor of my own hands while I was but a child..."

"You are lying," the coalman burst out suddenly. "You are lying so vilely and unnaturally that I have sobered up." Hin did not even have time to open his mouth in reply when the coalman turned to Gray: "He's lying. His father also lied, and his mother, too. He is their breed! You can rest assured that Soll is as sane as you and me. I talked to her. She rode in my cart eighty-four times or so. When a girl walks from town, and I have sold my coal, I always give her a lift, why not. I am saying that she has a clever head. It is seen now. To you, Hin Manners, she would not say a word, naturally. But I, sir, as a free coalman, despise the courts and slander. She talks as a grown-up, but

"...Но только бойся попадать В наши Палестины!.." взвыл угольщик и, как будто ничего не было, потопил усы в плеснувшем стакане.

Хин Меннерс возмущенно пожал плечами. "Дрянь, а не человек," сказал он с жутким достоинством скопидома. "Каждый раз такая история!"

"Более вы ничего не можете рассказать?" спросил Грэй.

"Я-то? Я же вам говорю, что отец мерзавец. Через него я, ваша милость, осиротел и еще дитей должен был самостоятельно поддерживать бренное пропитание..."

"Ты врешь," неожиданно сказал угольщик. "Ты врешь так гнусно и ненатурально, что я протрезвел." Хин не успел раскрыть рот, как угольщик обратился к Грэю: "Он врет. Его отец тоже врал; врала и мать. Такая порода. Можете быть покойны, что она так же здорова, как мы с вами. Я с ней разговаривал. Она сидела на моей повозке восемьдесят четыре раза, или немного меньше. Когда девушка идет пешком из города, а я продал свой уголь, я уж непременно посажу девушку. Пускай она сидит. Я говорю, что у нее хорошая голова. Это сейчас видно. С тобой, Хин Меннерс, она, понятно, не скажет двух слов. Но я,

her talk is fanciful. When you listen to her, it seems like she says all the same as you and I would say, but it is not quite so.

Once, for example, we chatted about her craft. 'I would like to tell you,' she said, holding on to my shoulder like a fly to a belfry, 'my work is not boring; I just want to make things special. I want to contrive,' said she, 'to make a boat that would sail by itself, and the rowers would truly row; then the boat would moor to the shore, dock, and the rowers, as real, would sit down on the beach to have a bite of their food.' I began laughing, it sounded so funny. I chuckled, 'Well, Soll, it's all because of the kind of work you do, and that's why you have such thoughts. But look around: work is struggle for other people.' - 'No,' she said, 'I know what I know. When a fisherman fishes, he hopes to get a fish bigger than anyone had caught before.'- 'What about me?' - 'About you?' she laughed, "filling your basket with coal, you must be thinking it will blossom.' That was the word she had used! That same moment, I confess, I felt an urge to glance at my empty basket. And I had a vision as if buds emerged from basket twigs; then they burst, splashed leaves over the basket, and vanished. I had even

сударь, в свободном угольном деле презираю суды и толки. Она говорит, как большая, но причудливый ее разговор. Прислушиваешься - — как будто все то же самое, что мы с вами сказали бы, а у нее то же, да не совсем так."

Вот, к примеру, раз завелось дело о ее ремесле. 'Я тебе что скажу,' говорит она и держится за мое плечо, как муха за колокольню, 'моя работа не скучная, только все хочется придумать особенное. Я,' говорит, 'так хочу изловчиться, чтобы у меня на доске сама плавала лодка, а гребцы гребли бы по-настоящему; потом они пристают к берегу, отдают причал и честь-честью, точно живые, сядут на берегу закусывать.' Я, это, захохотал, мне, стало быть, смешно стало. Я говорю: 'Ну, Ассоль, это ведь такое твое дело, и мысли поэтому у тебя такие, а вокруг посмотри: все в работе, как в драке.' – 'Нет,' говорит она, 'я знаю, что знаю. Когда рыбак ловит рыбу, он думает, что поймает большую рыбу, какой никто не ловил.' – 'Ну, а я?' – 'А ты?' смеется она, 'ты, верно, когда наваливаешь углем корзину, то думаешь, что она зацветет.' Вот какое слово она сказала! В ту же минуту дернуло меня, сознаюсь, посмотреть на пустую корзину, и так мне вошло в глаза, будто из прутьев поползли почки;

sobered up! Hin Manners lies without batting an eyelash; I know him!"

Thinking that the conversation turned quite insulting, Manners threw a piercing glance at the coalman and hid behind the bar, from where he bitterly asked, "Will you order anything else?"

"No," Gray said, reaching for the money, "we are getting up and leaving. Letika, you stay here, come back in the evening; and do not say a word. Tell me all you will find. Do you understand?"

"My kindest captain," Letika responded with a bit of familiarity caused by the rum, "Only a deaf man would not have understood this."

"Great. Remember also that in no case you are allowed to speak of me or even mention my name. Goodbye!"

Gray went out. The anticipation of amazing discoveries, of emotional breakthrough out of which lambent fire bursts like a spark in Berthold's gunpowder mortar, never left him since then. He became possessed by passion for immediate action. Only when he got into the boat, Gray pulled himself together. Laughing, he stretched out his

лопнули эти почки, брызнуло по корзине листом и пропало. Я малость протрезвел даже! А Хин Меннерс врет и денег не берет; я его знаю!"

Считая, что разговор перешел в явное оскорбление, Меннерс пронзил угольщика взглядом и скрылся за стойку, откуда горько осведомился: "Прикажете подать что-нибудь?"

"Нет," сказал Грэй, доставая деньги, "мы встаем и уходим. Летика, ты останешься здесь, вернешься к вечеру и будешь молчать. Узнав все, что сможешь, передай мне. Ты понял?"

"Добрейший капитан," сказал Летика с некоторой фамильярностью, вызванной ромом, "не понять этого может только глухой."

"Прекрасно. Запомни также, что ни в одном из тех случаев, какие могут тебе представиться, нельзя ни говорить обо мне, ни упоминать даже мое имя. Прощай!"

Грэй вышел. С этого времени его не покидало уже чувство поразительных открытий, подобно искре в пороховой ступке Бертольда, – одного из тех душевных обвалов, из-под которых вырывается, сверкая, огонь. Дух немедленного действия овладел им. Он опомнился и собрался с мыслями, только когда сел в лодку.

hand, palm up, toward the scorching sun - as he had done once as a boy in the wine cellar; then he sailed off, swiftly rowing towards the harbor.

Смеясь, он подставил руку ладонью вверх – знойному солнцу, – как сделал это однажды мальчиком в винном погребе; затем отплыл и стал быстро грести по направлению к гавани.

4 ON THE EVE

On the eve of the day, when seven years ago Aigle, the gatherer of folk songs, had told the child on the beach the tale of a ship with crimson sails, Soll returned home from the toy shop, which she visited every week, concerned; her face was sad. She had brought back all their crafts. Soll was so upset that she could not even speak and only after looking at Longren's worried face - he had already imagined something considerably worse than what had actually happened - she began to talk, moving her finger over the window glass near which she stood and staring at the sea absently.

The first thing, the owner of the toy shop did this time, was opening his accounting book and showing her how much they owed him. She had shuddered when she saw the impressive three-digit

4 НАКАНУНЕ

Накануне того дня и через семь лет после того, как Эгль, собиратель песен, рассказал девочке на берегу моря сказку о корабле с Алыми Парусами, Ассоль в одно из своих еженедельных посещений игрушечной лавки вернулась домой расстроенная, с печальным лицом. Свои товары она принесла обратно. Она была так огорчена, что сразу не могла говорить и только лишь после того, как по встревоженному лицу Лонгрена увидела, что он ожидает чего-то значительно худшего действительности, начала рассказывать, водя пальцем по стеклу окна, у которого стала, рассеянно наблюдая море.

Хозяин игрушечной лавки начал в этот раз с того, что открыл счетную книгу и показал ей, сколько за ними долга. Она содрогнулась, увидев внушительное трехзначное

number. "This is how much I have given to you since December," the merchant said, "and that is how much has been sold." He pointed his finger at another figure, already a two-digit one.

"I felt guilty and embarrassed. I saw by his face that he was rude and angry. I would gladly have run away but, honestly, I did not have strength to, out of shame. And then he said, 'My dear, it's no longer profitable for me. Foreign toys are in fashion now; all the shops are full of them; nobody buys your crafts.' So he said. He said a lot more, but I have confused and forgotten some. He must have felt sorry for me, because he advised me to try *The Children's Bazaar* and *The Aladdin's Lamp*."

Having sounded off the most important, the girl turned her head and glanced bashfully at the old man. Longren sat slouched, holding his clenched fingers between his laps, on which he rested his elbows. Sensing Soll's gaze, he raised his head and sighed. Having shaken off her distressed mood, the girl ran up to him, sat down beside, and, moving her delicate hand under the leather sleeve of his jacket, smiling and looking into her father's face from below, she continued with unnatural brio, "Never mind, that's nothing. Listen to me, please. So, I went to where he had suggested. I came into a huge, terrifying store that was

число. "Вот сколько вы забрали с декабря," сказал торговец, "а вот посмотри, на сколько продано." И он уперся пальцем в другую цифру, уже из двух знаков.

"Жалостно и обидно смотреть. Я видела по его лицу, что он груб и сердит. Я с радостью убежала бы, но, честное слово, сил не было от стыда. И он стал говорить: 'Мне, милая, это больше не выгодно. Теперь в моде заграничный товар, все лавки полны им, а эти изделия не берут.' Так он сказал. Он говорил еще много чего, но я все перепутала и забыла. Должно быть, он сжалился надо мной, так как посоветовал сходить в 'Детский Базар' и 'Аладинову Лампу'."

Выговорив самое главное, девушка повернула голову, робко посмотрев на старика. Лонгрен сидел понурясь, сцепив пальцы рук между колен, на которые оперся локтями. Чувствуя взгляд, он поднял голову и вздохнул. Поборов тяжелое настроение, девушка подбежала к нему, устроилась сидеть рядом и, продев свою легкую руку под кожаный рукав его куртки, смеясь и заглядывая отцу снизу в лицо, продолжала с деланным оживлением: "Ничего, это все ничего, ты слушай, пожалуйста. Вот я пошла. Ну-с, прихожу в большой страшеннейший магазин; там куча народа. Меня

overcrowded. People pushed me, but I managed to get through and approached a black man in spectacles. What I had said to him, I don't remember; in the end he chuckled, delved in my basket, looked at some of the toys, then re-wrapped them in the kerchief as they were before, and handed them back to me."

Longren was listening scowlingly and seeing his dumbfounded daughter in the crowd of reach people, at the counter piled up with valuable goods. The trig man in spectacles explained to her leniently that his store would go bankrupt if he began selling Longren's plain crafts. Jauntily and skillfully, the merchant placed folding models of buildings and railway bridges, perfect simulations of miniature cars, electric kits, airplanes, and engines on the counter before her. All of this smelled of paint and school. In his words, kids today only played games imitating the jobs that adults did.

Soll had visited *The Aladdin's Lamp* and two other shops as well, but she had sold not a thing.

As she finished her story, she set up a table for supper. After he had eaten and emptied a cap of strong coffee, Longren said, "Since we haven't had any luck, let's look for something else. Perhaps I shall

затолкали; однако я выбралась и подошла к черному человеку в очках. Что я ему сказала, я ничего не помню; под конец он усмехнулся, порылся в моей корзине, посмотрел кое-что, потом снова завернул, как было, в платок и отдал обратно."

Лонгрен сердито слушал. Он как бы видел свою оторопевшую дочку в богатой толпе у прилавка, зава ленного ценным товаром. Аккуратный человек в очках снисходительно объяснил ей, что он должен разориться, ежели начнет торговать нехитрыми изделиями Лонгрена. Небрежно и ловко ставил он перед ней на прилавок складные модели зданий и железнодорожных мостов; миниатюрные отчетливые автомобили, электрические наборы, аэропланы и двигатели. Все это пахло краской и школой. По всем его словам выходило, что дети в играх только подражают теперь тому, что делают взрослые.

Ассоль была еще в "Аладиновой Лампе" и в двух других лавках, но ничего не добилась.

Оканчивая рассказ, она собрала ужинать; поев и выпив стакан крепкого кофе, Лонгрен сказал: "Раз нам не везет, надо искать. Я, может быть, снова поступлю служить — на

get a job as a seaman again, with *The Fitzroy* or *The Palermo*. Of course, they're right," he continued thoughtfully, thinking about the toys. "Nowadays kids do not play, but study. They study and study, and never begin to live a life. This is so, and I feel sorry for them, really sorry. Can you cope without me while I am away at sea? It's unthinkable to leave you alone all by yourself."

"I could sign on with you, too, and work in the galley, for instance."

"Never!" Longren nailed his reply with a slap of his palm on the table causing it shudder. "As long as I am alive, you will not sign on. We still have time to think of something."

He became grim and silent. Soll perched on the stool beside him; he could see, out of the corner of his eye, without turning his head, how she bustled in order to console him, and almost smiled. But his smile would frighten and confuse her. Muttering something to herself, she smoothed his tousled gray hair, kissed his mustache and, plugging her father's hairy ears with her slender fingers, said, "Well, now you cannot hear me saying I love you." While she was combing his hair, Longren sat still, grimacing like a man afraid to exhale smoke. But having heard her words, he laughed explosively.

Фицроя или Палермо. Конечно, они правы," задумчиво продолжал он, думая об игрушках. "Теперь дети не играют, а учатся. Они все учатся, учатся и никогда не начнут жить. Все это так, а жаль, право, жаль. Сумеешь ли ты прожить без меня время одного рейса? Немыслимо оставить тебя одну."

"Я также могла бы служить вместе с тобой; скажем, в буфете."

"Нет!" Лонгрен припечатал это слово ударом ладони по вздрогнувшему столу. "Пока я жив, ты служить не будешь. Впрочем, есть время подумать."

Он хмуро умолк. Ассоль примостилась рядом с ним на углу табурета; он видел сбоку, не поворачивая головы, что она хлопочет утешить его, и чуть было не улыбнулся. Но улыбнуться — значило спугнуть и смутить девушку. Она, приговаривая что-то про себя, разгладила его спутанные седые волосы, поцеловала в усы и, заткнув мохнатые отцовские уши своими маленькими тоненькими пальцами, сказала: "Ну вот, теперь ты не слышишь, что я тебя люблю." Пока она охорашивала его, Лонгрен сидел, крепко сморщившись, как человек, боящийся дохнуть дымом, но,

услышав ее слова, густо захохотал.

"You're sweet," he said simply, patted his daughter's cheek, and went down to the beach to check on his boat.

"Ты милая," просто сказал он и, потрепав девушку по щеке, пошел на берег посмотреть лодку.

For some time, Soll stood thoughtfully in the middle of the room, torn between the desire to surrender herself to quiet grief and the need to complete household chores; then, having washed the dishes, she inspected the cupboards for the remaining food. She neither weighed nor measured, but nevertheless saw that the flour was not enough to make it to the end of the week, that the bottom of the sugar tin was already visible, that the tea and coffee packets were almost empty, there was no cooking oil, and the only provision on which her eyes could rest wistfully was a bag of potatoes. Then she washed the floor and sat down to stitch a furbelow to her old skirt. Recalling that scraps of the cloth needed were hid behind the mirror, she came up to it and took out the cloth; then she looked at her reflection.

Ассоль некоторое время стояла в раздумье посреди комнаты, колеблясь между желанием отдаться тихой печали и необходимостью домашних забот; затем, вымыв посуду, пересмотрела в шкалу остатки провизии. Она не взвешивала и не мерила, но видела, что с мукой не дотянуть до конца недели, что в жестянке с сахаром виднеется дно, обертки с чаем и кофе почти пусты, нет масла, и единственное, на чем, с некоторой досадой на исключение, отдыхал глаз, — был мешок картофеля. Затем она вымыла пол и села строчить оборку к переделанной из старья юбке, но тут же вспомнив, что обрезки материи лежат за зеркалом, подошла к нему и взяла сверток; потом взглянула на свое отражение.

On the other side of the walnut frame, in the light void of the reflected room, stood a slender girl of a medium height dressed in cheap white muslin with pink flowers. A gray silk kerchief lay on her shoulders. Her half-childish, lightly-tanned face was lively and expressive; her beautiful eyes, somewhat too serious for her age, glanced with the timid

За ореховой рамой в светлой пустоте отраженной комнаты стояла тоненькая невысокая девушка, одетая в дешевый белый муслин с розовыми цветочками. На ее плечах лежала серая шелковая косынка. Полудетское, в светлом загаре, лицо было подвижно и выразительно; прекрасные, несколько серьезные для ее возраста

concentration inherent to deep souls. Her asymmetrical face touched one's heart by the delicate purity of its features. Although each separate curve of her face could have been found in the multitude of women's faces, but their combination, their style was unique and uniquely sweet; let's stop at that. The rest of her appearance was beyond the power of words except for one - captivating.

The girl in the mirror smiled as instinctively as Soll. The smile came out sad; seeing this, Soll became anxious, as if she were looking at a stranger. She pressed her cheek against the glass, closed her eyes, and gently stroked over her reflection in the mirror. A web of vague, gentle thoughts flashed through her. She straightened up, laughed, and sat down, beginning to sew.

While she sews, let's look at her and into her closer. There were two girls in her, two Solls, intertwined with remarkably wonderful irregularity. One was a craftsman, a toy-maker, the daughter of a sailor; the other was a living poem, with all the wonders of its rhymes and images, with a mysterious neighborhood of words, in all reciprocity of their light and shadows that they cast upon each other. She knew life within the limits set by her

глаза посматривали с робкой сосредоточенностью глубоких душ. Ее неправильное личико могло растрогать тонкой чистотой очертаний; каждый изгиб, каждая выпуклость этого лица, конечно, нашли бы место в множестве женских обликов, но их совокупность, стиль — был совершенно оригинален, — оригинально мил; на этом мы остановимся. Остальное неподвластно словам, кроме слова «очарование».

Отраженная девушка улыбнулась так же безотчетно, как и Ассоль. Улыбка вышла грустной; заметив это, она встревожилась, как если бы смотрела на постороннюю. Она прижалась щекой к стеклу, закрыла глаза и тихо погладила зеркало рукой там, где приходилось ее отражение. Рой смутных, ласковых мыслей мелькнул в ней; она выпрямилась, засмеялась и села, начав шить.

Пока она шьет, посмотрим на нее ближе – вовнутрь. В ней две девушки, две Ассоль, перемешанных в замечательной прекрасной неправильности. Одна была дочь матроса, ремесленника, мастерившая игрушки, другая — живое стихотворение, со всеми чудесами его созвучий и образов, с тайной соседства слов, во всей взаимности их теней и света, падающих от одного на

experience, but beyond the common matters she saw the reflected meaning of a higher order.

Thus, when looking into objects, we sense them not only through our eyes, but also non-linearly, through impressions; we sense something definitely human and humanly distinct. Similarly, Soll was able to see beyond the visible. Without this complexity, without these quiet conquests, everything that was static and plain was alien to her soul. Soll loved to read, but even in a book she read mostly between the lines, as she lived. Unconsciously, at her every step, through inspiration, she made many discoveries, thin as ether, inexpressible in words, but as important as purity and warmth. Sometimes - this could last for several days - she even underwent transformation: the physical barriers of life dissipated before her just like silence at the delicate touch of a bow against a string, and what she saw, what she lived with, what was around her became a lace of mysteries masquerading as the ordinary. More than once, agitated and frightened, she would leave home at night and head for the seashore, where, waiting for the dawn, she earnestly stared into the distance searching for the ship with the Crimson Sails. In those minutes she was happy; just as how difficult for us is to believe into a fairy tale, it would

другое. Она знала жизнь в пределах, поставленных ее опыту, но сверх общих явлений видела отраженный смысл иного порядка.

Так, всматриваясь в предметы, мы замечаем в них нечто не линейно, но впечатлением — определенно человеческое, и — так же, как человеческое — различное. Нечто подобное тому, что (если удалось) сказали мы этим примером, видела она еще сверх видимого. Без этих тихих завоеваний все просто понятное было чуждо ее душе. Она умела и любила читать, но и в книге читала преимущественно между строк, как жила. Бессознательно, путем своеобразного вдохновения она делала на каждом шагу множество эфирнотонких открытий, невыразимых, но важных, как чистота и тепло. Иногда — и это продолжалось ряд дней — она даже перерождалась; физическое противостояние жизни проваливалось, как тишина в ударе смычка, и все, что она видела, чем жила, что было вокруг, становилось кружевом тайн в образе повседневности. Не раз, волнуясь и робея, она уходила ночью на морской берег, где, выждав рассвет, совершенно серьезно высматривала корабль с Алыми Парусами. Эти минуты были для нее счастьем; нам трудно так уйти в сказку, ей было бы

be no less challenging for her to escape from under the fairy tale's power and charm.

At other times, thinking about all of this, she would become truly surprised with herself, not believing that she had believed in the fairy tale, forgiving the sea with a smile, and sadly returning to reality. Now, as she made the furbelow, the girl recalled her life. There was much boredom and ordinariness in it. Their loneliness together sometimes weighed immensely on her, but that fold of inner diffidence, that painful wrinkle, which did not let her feel joy, had already formed inside her. The villagers scoffed at her, saying, "She is cuckoo" - she had become accustomed to this pain, too; sometimes the girl felt insults so deeply that her chest ached as if she was punched.

As a woman, she was unpopular in Kaperna. But many suspected, though vaguely and subconsciously, that she was endowed more than others, just in a different way. Kaperna's men adored fleshy, heavy women with oily skin on thick calves and muscular hands; here men courted women by slapping them on the back and pushing them, as if they were in a crowded place. This type of sentiment resembled the guileless simplicity of a roar. Soll was as suited to this rough environment as the

не менее трудно выйти из ее власти и обаяния.

В другое время, размышляя обо всем этом, она искренне дивилась себе, не веря, что верила, улыбкой прощая море и грустно переходя к действительности; теперь, сдвигая оборку, девушка припоминала свою жизнь. Там было много скуки и простоты. Одиночество вдвоем, случалось, безмерно тяготило ее, но в ней образовалась уже та складка внутренней робости, та страдальческая морщинка, с которой не внести и не получить оживления. Над ней посмеивались, говоря: "Она тронутая, не в себе"; она привыкла и к этой боли; девушке случалось даже переносить оскорбления, после чего ее грудь ныла, как от удара.

Как женщина, она была непопулярна в Каперне, однако многие подозревали, хотя дико и смутно, что ей дано больше прочих — лишь на другом языке. Капернцы обожали плотных, тяжелых женщин с масляной кожей толстых икр и могучих рук; здесь ухаживали, ляпая по спине ладонью и толкаясь, как на базаре. Тип этого чувства напоминал бесхитростную простоту рева. Ассоль так же подходила к этой решительной среде, как подошло бы людям

companionship of a ghost would be to people with delicate nervous system, no matter how refined and charming such a ghost might be. Love in such a place would be unthinkable; thus, in the steady hum of a soldier's bugle a charming sadness of violin would be powerless to sidetrack a fierce regiment from the straight trajectory prescribed by tooting. To all that has been said above, the girl stood with her back.

While she was purring a song of life, her little hands worked diligently and skillfully; biting off a thread, she looked into the distance, but that did not prevent her from tucking the selvage evenly and stitching it with the accuracy of a sewing machine. Although Longren had not come back yet, she did not fret about her father. As of late, he often set off fishing in his boat at night or just for some fresh air. She did not fear for she knew that nothing bad would happen to him. In this regard, Soll was still that little girl who prayed in her own way, lisping amiably in the morning: "Good day, God!" and in the evening: "Good night, God!"

In her opinion, such a brief acquaintance with God was completely enough to ensure that He would repel any disaster. She imagined herself in His shoes: God

изысканной нервной жизни общество привидения, обладай оно всем обаянием Ассунты или Аспазии: то, что от любви, – здесь немыслимо. Так, в ровном гудении солдатской трубы прелестная печаль скрипки бессильна вывести суровый полк из действий его прямых линий. К тому, что сказано в этих строках, девушка стояла спиной.

Меж тем, как ее голова мурлыкала песенку жизни, маленькие руки работали прилежно и ловко; откусывая нитку, она смотрела далеко перед собой, но это не мешало ей ровно подвертывать рубец и класть петельный шов с отчетливостью швейной машины. Хотя Лонгрен не возвращался, она не беспокоилась об отце. Последнее время он довольно часто уплывал ночью ловить рыбу или просто проветриться. Ее не теребил страх; она знала, что ничего худого с ним не случится. В этом отношении Ассоль была все еще той маленькой девочкой, которая молилась по-своему, дружелюбно лепеча утром: "Здравствуй, бог!", а вечером: "Прощай, бог!"

По ее мнению, такого короткого знакомства с богом было совершенно достаточно для того, чтобы он отстранил несчастье. Она входила и в

was always busy with affairs of millions of people; so she thought that the ordinary setbacks in their life they should endure with the delicate patience of guests who, finding the house full of people, wait for the bustling host, taking care of their food and shelter depending on the circumstances.

Having finished sewing, Soll put her work on the corner table, undressed, and went to bed. The lamp was turned off. Soon she noticed that she was not sleepy; her mind was as clear as it was in the middle of the day; even the night darkness seemed artificial; she felt that her body, as well as her mind was light, sunny. Her heart pounded with the speed of a pocket watch, it throbbed as if it was right between her pillow and her ear. Soll resented, tossed and turned constantly, threw her blanket off, then covered herself from head to toe. Finally, she managed to call up in her mind the familiar picture that she often used to fall asleep: she tossed pebbles into the clear water and watched the widening circles. Sleep, indeed, seemed to have been waiting for this pittance; it came, whispered softly with Mary standing at Soll's headrest and, obeying her smile, said to everything in the room, "Hush". Soll instantly fell asleep. She saw her favorite dream: blossoming trees, yearning, enchantment, songs, and mysterious appearances, of which, on

его положение: бог был вечно занят делами миллионов людей, поэтому к обыденным теням жизни следовало, по ее мнению, относиться с деликатным терпением гостя, который, застав дом полным народа, ждет захлопотавшегося хозяина, ютясь и питаясь по обстоятельствам.

Кончив шить, Ассоль сложила работу на угловой столик, разделась и улеглась. Огонь был потушен. Она скоро заметила, что нет сонливости; сознание было ясно, как в разгаре дня, даже тьма казалась искусственной, тело, как и сознание, чувствовалось легким, дневным. Сердце отстукивало с быстротой карманных часов; оно билось как бы между подушкой и ухом. Ассоль сердилась, ворочаясь, то сбрасывая одеяло, то завертываясь в него с головой. Наконец, ей удалось вызвать привычное представление, помогающее уснуть: она мысленно бросала камни в светлую воду, смотря на расхождение легчайших кругов. Сон, действительно, как бы лишь ждал этой подачки; он пришел, пошептался с Мери, стоящей у изголовья, и, повинуясь ее улыбке, сказал вокруг: "Шшшш." Ассоль тотчас уснула. Ей снился любимый сон: цветущие деревья, тоска, очарование, песни и таинственные явления, из которых, проснувшись, она припоминала лишь сверканье

awakening, she recalled only the glitter of the blue water ascending from her feet to her heart with cold and excitement. Having seen all this, she tarried in the dreamland for a bit longer, and then awoke and sat up.

Her somnolence faded as if she had not been asleep at all. A sense of novelty, joy and a desire to do something warmed her through. She glanced around with the eyes of a person looking over new premises. Dawn broke into the house - not with full clarity of illumination, but with that vague effort that is just enough to allow one to recognize one's surroundings. The bottom of the window was still black, while the top had brightened up. Outside, almost at the edge of the window frame, shimmered the morning star. Knowing that she would not be able to fall asleep now, Soll put on clothes, came up to the window and, moving the latch, pushed it open. Beyond the window there was attentive, sensitive silence; it seemed to come to a standstill just now. Bushes flickered in the blue twilight; trees slept further away; the air was thick and smelled of earth.

Holding on to the top of the frame, the girl watched and smiled. Suddenly, something like a remote call roused her from inside and outside, as if she woke up again--from one clear and crisp reality to another, clearer and crisper. From that

синей воды, подступающей от ног к сердцу с холодом и восторгом. Увидев все это, она побыла еще несколько времени в невозможной стране, затем проснулась и села.

Сна не было, как если бы она не засыпала совсем. Чувство новизны, радости и желания что-то сделать согревало ее. Она осмотрелась тем взглядом, каким оглядывают новое помещение. Проник рассвет — не всей ясностью озарения, но тем смутным усилием, в котором можно понимать окружающее. Низ окна был черен; верх просветлел. Извне дома, почти на краю рамы, блестела утренняя звезда. Зная, что теперь не уснет, Ассоль оделась, подошла к окну и, сняв крюк, отвела раму, За окном стояла внимательная чуткая тишина; она как бы наступила только сейчас. В синих сумерках мерцали кусты, подальше спали деревья; веяло духотой и землей.

Держась за верх рамы, девушка смотрела и улыбалась. Вдруг нечто, подобное отдаленному зову, всколыхнуло ее изнутри и вовне, и она как бы проснулась еще раз от явной действительности к тому, что

moment on, the cheerful richness of her consciousness never left her. Thus, for example, we hear and understand the speech of people, but when we hear it again repeated, we will grasp it afresh, with new meaning. She experienced the same now.

Taking a worn-out - but always looking fresh on her - silk kerchief, she fixed it under her chin, locked the door, and fluttered out, barefoot. Even though it was silent and deserted outside, she feared that she sounded like an orchestra that others could hear. Everything around charmed and gladdened her. The warm ground tickled her bare feet; the air was fresh and easy to breath. The rooftops and clouds silhouetted against the twilit sky; the fences, wild roses, gardens, meadows, and the barely visible road seemed to be asleep. Everywhere she saw a new order - different than in the daytime - in previously unseen accord. Everything slept with its eyes open, covertly studying the passing girl.

She walked, the further the faster, in a hurry to leave the village behind. Meadows stretched behind Kaperna; beyond the meadows hazel bushes, poplar and chestnut trees grew on the slopes of hills lining the shore. At the road's end, where it morphed into an overgrown path, a fluffy black dog with a

явнее и несомненнее. С этой минуты ликующее богатство сознания не оставляло ее. Так, понимая, слушаем мы речи людей, но, если повторить сказанное, поймем еще раз, с иным, новым значением. То же было и с ней.

Взяв старенькую, но на ее голове всегда юную шелковую косынку, она прихватила ее рукою под подбородком, заперла дверь и выпорхнула босиком на дорогу. Хотя было пусто и глухо, но ей казалось, что она звучит как оркестр, что ее могут услышать. Все было мило ей, все радовало ее. Теплая пыль щекотала босые ноги; дышалось ясно и весело. На сумеречном просвете неба темнели крыши и облака; дремали изгороди, шиповник, огороды, сады и нежно видимая дорога. Во всем замечался иной порядок, чем днем, — тот же, но в ускользнувшем ранее соответствии. Все спало с открытыми глазами, тайно рассматривая проходящую девушку.

Она шла, чем далее, тем быстрей, торопясь покинуть селение. За Каперной простирались луга; за лугами по склонам береговых холмов росли орешник, тополя и каштаны. Там, где дорога кончилась, переходя в глухую тропу, у ног Ассоль мягко завертелась пушистая черная собака с

white chest and a speaking look began to gently spin around Soll's feet. The dog recognized Soll and, squealing from time to time and coquettishly wobbling his body, walked along in some unspoken accord with her. Soll, looking into his communicating eyes, was certain that the dog could have talked, had he not had its reasons for silence. The dog winced gaily, noticing his friend's smile, wagged its tail, and jogged ahead, but then suddenly he sat down indifferently, with his paw scratched his ear, bitten by his eternal enemy, and ran back to the village.

Soll entered the tall, dew-splattering meadow grass; holding her palm down, above the spikelets of the grass, she walked, smiling at their streaming touch.

Looking into the peculiar faces of the flowers, to the tangle of stems, she discerned in them nearly human silhouettes: poses, motions, features, and expressions; now she would not have been surprised even by a procession of field mice, or by dances of gopher's, or by the brute joyfulness of a hedgehog, frightening a sleeping gnome with its huff. And just a moment later, a grey ball of a hedgehog rolled onto the path in front of her. "Huff-huff," it said curtly and crossly, as a cabby at a pedestrian.

белой грудью и говорящим напряжением глаз. Собака, узнав Ассоль, повизгивая и жеманно виляя туловищем, пошла рядом, молча соглашаясь с девушкой в чем-то понятном, как "я" и "ты". Ассоль, посматривая в ее сообщительные глаза, была твердо уверена, что собака могла бы заговорить, не будь у нее тайных причин молчать. Заметив улыбку спутницы, собака весело сморщилась, вильнула хвостом и ровно побежала вперед, но вдруг безучастно села, деловито выскребла лапой ухо, укушенное своим вечным врагом, и побежала обратно.

Ассоль проникла в высокую, брызгающую росой луговую траву; держа руку ладонью вниз над ее метелками, она шла, улыбаясь струящемуся прикосновению.

Засматривая в особенные лица цветов, в путаницу стеблей, она различала там почти человеческие намеки — позы, усилия, движения, черты и взгляды; ее не удивила бы теперь процессия полевых мышей, бал сусликов или грубое веселье ежа, пугающего спящего гнома своим фуканьем. И точно, еж, серея, выкатился перед ней на тропинку. "Фук-фук," отрывисто сказал он с сердцем, как извозчик на пешехода. Ассоль говорила с теми, кого понимала и видела. "Здравствуй,

Soll spoke to those whom she understood and saw. "Hello, sickly," she welcomed a purple iris, gnawed to holes by a worm. "You shall stay at home," she said to a bush, stuck in the middle of the path which leaves were torn off by the clothes of passersby. A heavy beetle clung to a bellflower, bending it down and sliding off, but stubbornly pushing his legs up. "Shake off the fat passenger," Soll advised to the bellflower. And the beetle lost grip and, rattling, flew off. Thus, excited, trembling, and flushed, Soll came to the slope of the hill and hid from the meadow's wide expanse in its thicket, where she was surrounded by her true friends, who - she now knew it - spoke in bass voices.

Those were mighty old trees, growing among the honeysuckle and hazel bushes. Their low hanging branches touched the top leaves of the bushes. White cones of the chestnut flowers towered among the calm gravity of leafage, their aroma mixed with smell of the dew and the resin. The path, studded with slippery nodes of roots, wove its way up and down the slope. Soll felt at home there; she greeted the trees as if they were humans, that is by stroking their wide leaves. She walked, whispering to herself or aloud: "Hey you, hey another you; there are so many of you, my brothers! I am in a hurry, let me pass.

больной," сказала она лиловому ирису, пробитому до дыр червем. "Необходимо посидеть дома," это относилось к кусту, застрявшему среди тропы и потому обдерганному платьем прохожих. Большой жук цеплялся за колокольчик, сгибая растение и сваливаясь, но упрямо толкаясь лапками. "Стряхни толстого пассажира," посоветовала Ассоль. Жук, точно, не удержался и с треском полетел в сторону. Так, волнуясь, трепеща и блестя, она подошла к склону холма, скрывшись в его зарослях от лугового пространства, но окруженная теперь истинными своими друзьями, которые – она знала это – говорят басом.

То были крупные старые деревья среди жимолости и орешника. Их свисшие ветви касались верхних листьев кустов. В спокойно тяготеющей крупной листве каштанов стояли белые шишки цветов, их аромат мешался с запахом росы и смолы. Тропинка, усеянная выступами скользких корней, то падала, то взбиралась на склон. Ассоль чувствовала себя, как дома; здоровалась с деревьями, как с людьми, то есть пожимая их широкие листья. Она шла, шепча то мысленно, то словами: "Вот ты, вот другой ты; много же вас, братцы мои! Я иду,

I recognize you all, I remember you all, and I respect you all." Her "brothers" gracefully patted her with what they could - with their leaves - and creaked in return like old relatives. Having soiled her feet, she finally went out to the cliff above the sea and got up at its edge, catching her breath after her hasty walk.

A deep, unshakable faith exultantly frothed and rumbled inside her. Her gaze cast this faith beyond the horizon, from where, as a quiet whisper of the coming tide, it returned, proud of its smooth flight. Meanwhile the sea, framed with a golden thread along the horizon, still slept; only under the cliff, in the puddles of the shoreline, the water rose and fell. The color of the slumbering sea, steel near the bank, turned blue and then black further off. Beyond the golden thread, the sky, flaring up, shone with a kaleidoscope of colors; the white clouds turned rosy with delicate, heavenly colors glowing inside them. The black, far-flung reaches of the sea were already touched by a tender snowy whiteness; the sea foam glittered; and a crimson break in the golden thread cast scarlet ripples across the sea towards Soll's feet.

She sat down, tucking her legs and putting her arms around her knees. Leaning towards the sea, she mindfully looked at the horizon with her dilated eyes, in which nothing of adulthood

братцы, спешу, пустите меня. Я вас узнаю всех, всех помню и почитаю." "Братцы" величественно гладили ее чем могли – листьями – и родственно скрипели в ответ. Она выбралась, перепачкав ноги землей, к обрыву над морем и встала на краю обрыва, задыхаясь от поспешной ходьбы.

Глубокая непобедимая вера, ликуя, пенилась и шумела в ней. Она разбрасывала ее взглядом за горизонт, откуда легким шумом береговой волны возвращалась она обратно, гордая чистотой полета. Тем временем море, обведенное по горизонту золотой нитью, еще спало; лишь под обрывом, в лужах береговых ям, вздымалась и опадала вода. Стальной у берега цвет спящего океана переходил в синий и черный. За золотой нитью небо, вспыхивая, сияло огромным веером света; белые облака тронулись слабым румянцем. Тонкие, божественные цвета светились в них. На черной дали легла уже трепетная снежная белизна; пена блестела, и багровый разрыв, вспыхнув средь золотой нити, бросил по океану, к ногам Ассоль, алую рябь.

Она села, подобрав ноги, с руками вокруг колен. Внимательно наклоняясь к морю, смотрела она на горизонт большими глазами, в которых не осталось уже ничего

remained, with the eyes of a child. Everything that she had waited for, so fervently and long, was happening there - at the edge of the world. In the sea depths, she saw an underwater hill; its surface sprouted with climbers; their fancy flowers gleamed among their round leaves pierced by a stem at their edge. The uppermost leaves glowed on the sea surface; people, who did not have eyes like Soll's, could see only flickers and glints.

From the tangle of seaweeds a ship rose; it surfaced and stopped in the middle of dawn. From this far distance, it was seen as clearly as the clouds. Spreading joy, it blazed like the wine, the rose, the blood, the lips, the scarlet silk, and the crimson fire. The ship headed right towards Soll. Wings of sea foam trembled under the intense pressure of its keel; having risen, the girl pressed her hands to her chest, as the wonderful dance of light turned to ripples; the sun rose, and a bright fullness of morning stripped the covers from everything that still rested and lazily stretched on the dreamy ground.

The girl sighed and looked around. Music had ended, but Soll was still under the impression of its resounding accords. The feeling slowly faded, becoming a distant memory and then just weariness. She lay down in the grass, yawned, and, blissfully closing her eyes, fell asleep, a

взрослого, – глазами ребенка. Все, чего она ждала так долго и горячо, делалось там — на краю света. Она видела в стране далеких пучин подводный холм; от поверхности его струились вверх вьющиеся растения; среди их круглых листьев, пронизанных у края стеблем, сияли причудливые цветы. Верхние листья блестели на поверхности океана; тот, кто ничего не знал, как знала Ассоль, видел лишь трепет и блеск.

Из заросли поднялся корабль; он всплыл и остановился по самой середине зари. Из этой дали он был виден ясно, как облака. Разбрасывая веселье, он пылал, как вино, роза, кровь, уста, алый бархат и пунцовый огонь. Корабль шёл прямо к Ассоль. Крылья пены трепетали под мощным напором его киля; уже встав, девушка прижала руки к груди, как чудная игра света перешла в зыбь; взошло солнце, и яркая полнота утра сдернула покровы с всего, что еще нежилось, потягиваясь на сонной земле.

Девушка вздохнула и осмотрелась. Музыка смолкла, но Ассоль была еще во власти ее звонкого хора. Это впечатление постепенно ослабевало, затем стало воспоминанием и, наконец, просто усталостью. Она легла на траву, зевнула и, блаженно

sleep as tight as the unripe walnut, without worries or dreams.

A fly, wandering along her bare foot, woke her up. Having anxiously wiggled her leg, Soll fully awoke. Sitting up, she pinned back her uncombed hair, so that the Gray's ring reminded of itself; but thinking that it was no more than a stemlet stuck between her fingers, she spread them out. When the obstruction did not vanish, she raised her hand to her eyes and rose instantly, with the full force of an untamed fountain.

Gray's radiant ring shone on her finger, but it may as well have been someone else's finger, for she could not recognize it as her own at that moment. "Whose joke is this?" she screamed brashly. "Am I asleep? Maybe I found it and forgot about it?" Grabbing her left arm with her right, on which the ring was, she looked around with incredulity, quizzing the sea and the green thicket; but there was no motion, no one hid in the bushes; and the blue, illuminated sea showed no sign, and Soll blushed, and her heart prophesied "yes". There were no explanations for what had happened, but without words and thoughts she had found one in her strange feeling, and the ring already became dear to her. Shivering, she pulled the ring off her

закрыв глаза, уснула — по-настоящему, крепким, как молодой орех, сном, без заботы и сновидений.

Ее разбудила муха, бродившая по голой ступне. Беспокойно повертев ножкой, Ассоль проснулась; сидя, закалывала она растрепанные волосы, поэтому кольцо Грэя напомнило о себе, но считая его не более, как стебельком, застрявшим меж пальцев, она распрямила их; так как помеха не исчезла, она нетерпеливо поднесла руку к глазам и выпрямилась, мгновенно вскочив с силой брызнувшего фонтана.

На ее пальце блестело лучистое кольцо Грэя, как на чужом, — своим не могла признать она в этот момент, не чувствовала палец свой. "Чья это шутка? Чья шутка?" стремительно вскричала она. "Разве я сплю? Может быть, нашла и забыла?" Схватив левой рукой правую, на которой было кольцо, с изумлением осматривалась она, пытая взглядом море и зеленые заросли; но никто не шевелился, никто не притаился в кустах, и в синем, далеко озаренном море не было никакого знака, и румянец покрыл Ассоль, а голоса сердца сказали вещее "да". Не было объяснений случившемуся, но без слов и мыслей находила она их в странном чувстве своем, и уже

finger; holding it in her cupped palm like water, she viewed the ring closely, with the entirety of her soul, her heart, her joy, and with clear superstition of youth; then, hiding it in her bra, she buried her face in her hands, smiling uncontrollably. And she slowly set off home, holding her head low.

близким ей стало кольцо. Вся дрожа, сдернула она его с пальца; держа в пригоршне, как воду, рассмотрела его она – всею душою, всем сердцем, всем ликованием и ясным суеверием юности, затем, спрятав за лиф, Ассоль уткнула лицо в ладони, из-под которых неудержимо рвалась улыбка, и, опустив голову, медленно пошла обратной дорогой.

Thus, accidentally, as literate people say, Gray and Soll found each other on this fine summer morning, full of inevitability.

Так, случайно, как говорят люди, умеющие читать и писать, – Грэй и Ассоль нашли друг друга утром летнего дня, полного неизбежности.

5 PREPARATION FOR BATTLE

5 БОЕВЫЕ ПРИГОТОВЛЕНИЯ

After Gray climbed on the deck of *The Secret*, he stood motionless for several minutes, stroking his head from back to front, which signaled his utter confusion. Absent-mindedness - a cloudy whirl of feelings - reflected on his face in the senseless smile of a lunatic. His mate Panten walked along the quarterdeck with a dish of fried fish in hand; seeing Gray, he noticed the strange condition of the captain.

"Have you been hurt?" Panten asked cautiously. "Where were you? What did you see? Well, it is, of course, not my business. A broker has offered us a profitable freight, with a bonus. What's the matter with you?"

"Thank you," Gray replied with a sigh of relief. "I just needed to hear the sound of your plain, clever voice. It's like a shower of cold water. Panten, tell the crew we

Когда Грэй поднялся на палубу Секрета, он несколько минут стоял неподвижно, поглаживая рукой голову сзади на лоб, что означало крайнее замешательство. Рассеянность — облачное движение чувств — отражалась в его лице бесчувственной улыбкой лунатика. Его помощник Пантен шел в это время по шканцам с тарелкой жареной рыбы; увидев Грэя, он заметил странное состояние капитана.

"Вы, быть может, ушиблись?" осторожно спросил он. "Где были? Что видели? Впрочем, это, конечно, ваше дело. Маклер предлагает выгодный фрахт; с премией. Да что с вами такое?.."

"Благодарю," сказал Грэй, вздохнув, как развязанный. "Мне именно недоставало звуков вашего простого, умного голоса. Это как холодная вода.

are raising the anchor today and moving into the mouth of the Liliana, ten miles away from here. The river bed is all studded with shoals. Only from the open sea we can access its channel. Come for the map. Do not take a pilot. That's all for now... Oh, yeah, that profitable freight I need like a hole in my head. You can pass this on to the agent. I will go to town and stay there until evening."

"What happened?"

"Absolutely nothing, Panten. Heed my words: I want to avoid any questioning. When the time comes, I'll tell you what's going on. Tell the crew that repairs are forthcoming, but the local dock is occupied."

"Okay," Panten responded inanely to Gray's back. "Will do."

Although the captain's orders were quite clear, his mate's gawped his eyes and anxiously rushed off with the dish to his cabin, muttering, "Panten, you are baffled. Does he want to try his hand at smuggling? Are we going to raise the Jolly Roger?" Here Panten got lost in his wildest guesses. While he was nervously finishing off his meal, Gray went to his cabin, took some money, and, having crossed the bay, appeared at the

Пантен, сообщите людям, что сегодня мы поднимаем якорь и переходим в устье Лилианы, миль десять отсюда. Ее течение перебито сплошными мелями. Проникнуть в устье можно лишь с моря. Придите за картой. Лоцмана не брать. Пока все... Да, выгодный фрахт мне нужен как прошлогодний снег. Можете передать это маклеру. Я отправляюсь в город, где пробуду до вечера."

"Что же случилось?"

"Решительно ничего, Пантен. Я хочу, чтобы вы приняли к сведению мое желание избегать всяких расспросов. Когда наступит момент, я сообщу вам, в чем дело. Матросам скажите, что предстоит ремонт; что местный док занят."

"Хорошо," бессмысленно сказал Пантен в спину уходящего Грэя. "Будет исполнено."

Хотя распоряжения капитана были вполне толковы, помощник вытаращил глаза и беспокойно помчался с тарелкой к себе в каюту, бормоча: "Пантен, тебя озадачили. Не хочет ли он попробовать контрабанды? Не выступаем ли мы под черным флагом пирата?" Но здесь Пантен запутался в самых диких предположениях. Пока он нервически уничтожал рыбу, Грэй спустился в

shopping square of Liss.

Since that moment he already acted decisively and calmly, knowing to the last detail what would have to be done on his marvelous path. His every move, thought, and action warmed him with the subtle pleasure of artistic work. His bold plan emerged instantly. His understanding of life had been polished by that last foray of the stone cutter, after which the marble forever shines in its resplendent glory.

Gray visited three shops, paying meticulous attention to the exactness of his choices, as he had seen already in his mind the desired color and shade. In the first two shops he was shown silk of simple colors designed to satisfy an unpretentious vanity; in the third one he found samples of complex hues. The shopkeeper bustled about happily, laying out samples of his old stock, but Gray was as serious as an anatomist. He patiently rummaged through bolts of fabric, moved them aside, unrolled them, and looked against the light at so many scarlet strips that the counter, piled with them, seemed to flare up. A crimson wave fell on the tip of Gray's boot; a pink glow shone on his hands and face. Delving in the slightly resisting silk, he discerned the colors: red, pink pale and pink dark; richly boiling cherry, orange,

каюту, взял деньги и, переехав бухту, появился в торговых кварталах Лисса.

Теперь он действовал уже решительно и покойно, до мелочи зная все, что предстоит на чудном пути. Каждое движение — мысль, действие — грели его тонким наслаждением художественной работы. Его план сложился мгновенно и выпукло. Его понятия о жизни подверглись тому последнему набегу резца, после которого мрамор спокоен в своем прекрасном сиянии.

Грэй побывал в трех лавках, придавая особенное значение точности выбора, так как мысленно видел уже нужный цвет и оттенок. В двух первых лавках ему показали шелка базарных цветов, предназначенные удовлетворить незатейливое тщеславие; в третьей он нашел образцы сложных эффектов. Хозяин лавки радостно суетился, выкладывая залежавшиеся материи, но Грэй был серьезен, как анатом. Он терпеливо разбирал свертки, откладывал, сдвигал, развертывал и смотрел на свет такое множество алых полос, что прилавок, заваленный ими, казалось, вспыхнет. На носок сапога Грэя легла пурпурная волна; на его руках и лице блестел розовый отсвет. Роясь в легком сопротивлении шелка, он различал цвета: красный, бледный розовый и розовый темный, густые

and gloomy-red tones; there were shades of all intensities and meanings, as different - despite their supposed kinship - as words "charming," "beautiful," "excellent," and "exquisite"; the folds of silk concealed subtle allusions indefinable in any language; but the true crimson color seemed to escape the eyes of our captain for long while; what was shown by the merchant was good but did not prompt the captain's clear and firm "yes". Finally, one color attracted the disarmed attention of the buyer. He sat down in a chair by the window, pulled a long piece of the rustling bolt, stretched it out on his knees, and sprawled in the chair in motionless contemplation clenching firmly his pipe in his mouth.

This color, perfectly pure as a crimson sunbeam in the morning, full of noble joy and royalty, was precisely the proud hue Gray was looking for. It had neither mixed tints of fire, nor poppy petals, nor a play of purple or violet tints; nor did it have either blueness or shadow - anything that was doubtful. Like a smile, it glowed with the enchantment of spiritual reflections. Gray was so deeply in thought that he completely forgot about the shopkeeper, who waited behind him with the tension of a hunting dog at the ready. Tired of waiting, the merchant announced himself by the sound of tearing off a piece of cloth.

закипи вишневых, оранжевых и мрачно-рыжих тонов; здесь были оттенки всех сил и значений, различные – в своем мнимом родстве, подобно словам: "очаровательно" – "прекрасно" – "великолепно" – "совершенно"; в складках таились намеки, недоступные языку зрения, но истинный алый цвет долго не представлялся глазам нашего капитана; что приносил лавочник, было хорошо, но не вызывало ясного и твердого "да". Наконец, один цвет привлек обезоруженное внимание покупателя; он сел в кресло к окну, вытянул из шумного шелка длинный конец, бросил его на колени и, развалясь, с трубкой в зубах, стал созерцательно неподвижен.

Этот совершенно чистый, как алая утренняя струя, полный благородного веселья и царственности цвет являлся именно тем гордым цветом, какой разыскивал Грэй. В нем не было смешанных оттенков огня, лепестков мака, игры фиолетовых или лиловых намеков; не было также ни синевы, ни тени – ничего, что вызывает сомнение. Он рдел, как улыбка, прелестью духовного отражения. Грэй так задумался, что позабыл о хозяине, ожидавшем за его спиной с напряжением охотничьей собаки, сделавшей стойку. Устав ждать, торговец напомнил о себе треском

оторванного куска материи.

"No more samples," Gray said, rising, "I'll take this one."

"Довольно образцов," сказал Грэй, вставая, "этот шелк я беру."

"The whole bolt?" the merchant asked respectfully doubting. But Gray silently stared at the shopkeeper's forehead, prompting him to feel a bit more loose-lipped. "In that case, how many meters?"

"Весь кусок?" почтительно сомневаясь, спросил торговец. Но Грэй молча смотрел ему в лоб, отчего хозяин лавки сделался немного развязнее. "В таком случае, сколько метров?"

Gray nodded, suggesting the shopkeeper to wait, and calculated with pencil and paper the required amount.

Грэй кивнул, приглашая повременить, и высчитал карандашом на бумаге требуемое количество.

"Two thousand meters." He glanced at the shelves doubtfully. "Not more than two thousand meters."

"Две тысячи метров." Он с сомнением осмотрел полки. "Да, не более двух тысяч метров."

"Two?" the owner replied, frantically jumping up as if on a spring. "Thousand? Meters? I beg you to take a seat, captain. Would you like to see our new samples? As you wish. Have some excellent tobacco, please; here are the matches. Two thousand... two thousand at..." he voiced some number, as related to the real price of the silk as oath to a simple "yes", but Gray was satisfied, for he did not intend to wrangle over anything. "Amazing, magnificent silk," the merchant continued, "unsurpassed quality; only I sell this."

"Две?" сказал хозяин, судорожно подскакивая, как пружинный. "Тысячи? Метров? Прошу вас сесть, капитан. Не желаете ли взглянуть, капитан, образцы новых материй? Как вам будет угодно. Вот спички, вот прекрасный табак; прошу вас. Две тысячи... две тысячи по." Он сказал цену, имеющую такое же отношение к настоящей, как клятва к простому "да", но Грэй был доволен, так как не хотел ни в чем торговаться. "Удивительный, наилучший шелк," продолжал лавочник, "товар вне сравнения, только у меня найдстс такой."

When the shopkeeper had finally

Когда он наконец весь изошел

exhausted all his praise, Gray arranged delivery, taking on his account all the expenses. Then he paid his bill and left, accompanied and honored by the merchant as if he were a Chinese emperor. Meanwhile, across the street from the shop, a strolling musician, having tuned his cello, made it talk sweetly and sadly, gently touching its strings with his quiet bow; his companion, the flutist, joined the cello's singing with his guttural whistles; their simple song filled the courtyard, which was dozing in the heat, and reached Gray's ears; he instantly realized what he had to do next.

As a matter of fact, all these days he was at that favorable peak of his spiritual vision, from which he clearly saw all the hints and prompts of reality; having heard the sound of music muffled by passing carriages, he entered into the core of his most important impressions and thoughts, which this melody brought forth in accordance with his nature, and understood why and how the music would fit well into his plan. Passing a bystreet, Gray entered the gate of the homestead, where the musical performance was taking place. By that time the musicians were ready to leave: the tall flutist, with the dignity of the downtrodden, gratefully waved his hat at the windows, from which people tossed coins. The cello had already returned

восторгом, Грэй договорился с ним о доставке, взяв на свой счет издержки, уплатил по счету и ушел, провожаемый хозяином с почестями китайского короля. Тем временем через улицу от того места, где была лавка, бродячий музыкант, настроив виолончель, заставил ее тихим смычком говорить грустно и хорошо; его товарищ, флейтист, осыпал пение струи лепетом горлового свиста; простая песенка, которою они огласили дремлющий в жаре двор, достигла ушей Грэя, и тотчас он понял, что следует ему делать дальше.

Вообще все эти дни он был на той счастливой высоте духовного зрения, с которой отчетливо замечались им все намеки и подсказы действительности; услыша заглушаемые ездой экипажей звуки, он вошел в центр важнейших впечатлений и мыслей, вызванных, сообразно его характеру, этой музыкой, уже чувствуя, почему и как выйдет хорошо то, что придумал. Миновав переулок, Грэй прошел в ворота дома, где состоялось музыкальное выступление. К тому времени музыканты собрались уходить; высокий флейтист с видом забитого достоинства благодарно махал шляпой тем окнам, откуда вылетали монеты. Виолончель уже

under the arm of its master; he was wiping sweat from his forehead and waiting for the flutist.

"Bah, it's you, Zimmer!" Gray said to the violinist who often entertained the seamen with his fine playing at the *Money on the Barrel* tavern in the evenings. "Why have you betrayed your violin?"

"My honorable captain," Zimmer replied smugly, "I play anything that sounds and rattles. In my youth I was a musical clown. Now I'm drawn to the art, but I admit with sorrow that I have wasted my talent. Now, not wanting to squander any time of my remaining life, I love two instruments at same time: the cello and the violin. I play my cello during the day and my violin in the evening, that is, in some sense, I weep and sob over my lost talent. Buy me a glass of wine, eh? The cello is my Carmen and the violin -"

"Is my Soll," Gray inserted. Zimmer did not catch his meaning.

"Yes," Zimmer nodded, "A *solo* on cymbals or on brass pipes is a different matter; let buffoons wriggle playing them. I know it's the violin and the cello where the fairies dwell."

"And what does live in my tur-lyu-rlyu?" the flutist asked, coming up; it was a tall

вернулась под мышку своего хозяина; тот, вытирая вспотевший лоб, дожидался флейтиста.

"Ба, да это ты, Циммер!" сказал ему Грэй, признавая скрипача, который по вечерам веселил своей прекрасной игрой моряков, гостей трактира «Деньги на бочку». "Как же ты изменил скрипке?"

"Досточтимый капитан," самодовольно возразил Циммер, "я играю на всем, что звучит и трещит. В молодости я был музыкальным клоуном. Теперь меня тянет к искусству, и я с горем вижу, что погубил незаурядное дарование. Поэтому-то я из поздней жадности люблю сразу двух: виолу и скрипку. На виолончели играю днем, а на скрипке по вечерам, то есть как бы плачу, рыдаю о погибшем таланте. Не угостите ли винцом, а? Виолончель — это моя Кармен, а скрипка--"

"Ассоль," сказал Грэй. Циммер не расслышал.

"Да," кивнул он,"соло на тарелках или медных трубочках — Другое дело. Впрочем, что мне?! Пусть кривляются паяцы искусства — я знаю, что в скрипке и виолончели всегда отдыхают феи."

"А что скрывается в моем 'тур-лю-рлю'?" спросил подошедший

strapper with a sheep's blue eyes and a blond beard. "Come on, tell me!"

"It depends on how much you've drunk since morning. Sometimes it is a bird, sometimes alcohol fumes. Captain, this is my companion Duss; I told him how you squander gold when you are drinking, and he has fallen in love with you even before seeing you."

"Yes," Duss replied, "I love a good gesture and generosity. But I am a crafty guy; do not believe my vile flattery."

"Look," Gray said, laughing, "I don't have much time, and the matter won't wait. I offer you a job with good pay. I need a music band, but made up not of dandies with solemn funeral faces, who have lost the soul of music in their perfectionism or - even worse - are killing the performance with the intricate noises of their sound gastronomy... no, I do not want them. Gather a band of musicians like you, who know how to make the simple hearts of cooks and servants weep; get together your vagrant minstrels. The sea and love do not tolerate pedants. I would like to have a drink with you - even a few bottles - but I have to go. I have a lot of things to do. Take this and drink to the letter S. If you accept my offer, come to *The Secret* tonight; my ship is moored near the head dyke."

"I agree!" Zimmer exclaimed, knowing that Gray would pay like a king. "Duss, bow and say 'yes' and toss your hat up from joy! Captain Gray gets married!"

"Yes," Gray uttered plainly. "All the details I'll tell you on *The Secret*. You -"

"To the letter S!" Duss, jostling Zimmer with his elbow, winked at Gray. "But... there are so many letters in the alphabet! Would you give us something to praise a few others?"

Gray gave them more money. The musicians had left.

Then he came by a commission broker's office and paid a hefty sum for a secret order to be executed urgently, within six days. By the time Gray returned to his ship, the agent was already boarding a steamboat. The silk was delivered by evening. Five sail-makers, hired by Gray, were placed with his crew. Letika and the musicians had not yet arrived. Waiting for them, Gray went to talk with Panten.

It should be noted that for several years Gray had been sailing with the same crew. In the beginning, the captain used to surprise his team with his whims of unexpected voyages or stops - sometimes

"Согласен!" вскричал Циммер, зная, что Грэй платит, как царь. "Дусс, кланяйся, скажи "да" и верти шляпой от радости! Капитан Грэй хочет жениться!"

"Да," просто сказал Грэй. "Все подробности я вам сообщу на Секрете. Вы же…"

"За букву А!" Дусс, толкнув локтем Циммера, подмигнул Грэю. "Но… как много букв в алфавите! Пожалуйте что-нибудь и на фиту…"

Грэй дал еще денег. Музыканты ушли.

Тогда он зашел в комиссионную контору и дал тайное поручение за крупную сумму – выполнить срочно, в течение шести дней. В то время, как Грэй вернулся на свой корабль, агент конторы уже садился на пароход. К вечеру привезли шелк; пять парусников, нанятых Грэем, поместились с матросами; еще не вернулся Летика и не прибыли музыканты; в ожидании их Грэй отправился потолковать с Пантеном.

Следует заметить, что Грэй в течение нескольких лет плавал с одним составом команды. Вначале капитан удивлял матросов капризами неожиданных рейсов, остановок –

lasting for months - in the most unprofitable and deserted places, but gradually they became imbued with Gray's extravagance. He often sailed with the ballast alone, having refused to take a profitable freight for the only reason that he disliked the offered cargo. Nobody could persuade him to take a load of soaps, nails, machine parts, and similar boring goods which kept grim silence in the hold, causing lifeless associations with dull necessity. But he eagerly shipped fruit, china, animals, spices, tea, tobacco, coffee, silk, and precious woods like ebony, sandalwood, and palm - the cargo with character and inspiration. All of this matched the aristocracy of his imagination, created a lively environment on his ship. No wonder that the crew of *The Secret*, brought up in the spirit of originality, glanced down their noses at all other ships, shrouded in the smoke of plain lucre. Still, this time Gray noticed some questions on his crew's faces; even his most stupid seaman knew that the channel of a forest river was a strange place for repairs.

Panten, surely, passed the Gray's order on to the crew; when Gray entered, his mate was finishing his sixth cigar, pacing his cabin, feeling high from the smoke, and bumping into chairs. It was getting dark, and a golden beam of light shone

иногда месячных — в самых неторговых и безлюдных местах, но постепенно они прониклись "грэизмом" Грэя. Он часто плавал с одним балластом, отказываясь брать выгодный фрахт только потому, что не нравился ему предложенный груз. Никто не мог уговорить его везти мыло, гвозди, части машин и другое, что мрачно молчит в трюмах, вызывая безжизненные представления скучной необходимости. Но он охотно грузил фрукты, фарфор, животных, пряности, чай, табак, кофе, шелк, ценные породы деревьев: черное, сандал, пальму. Все это отвечало аристократизму его воображения, создавая живописную атмосферу; не удивительно, что команда Секрета, воспитанная, таким образом, в духе своеобразности, посматривала несколько свысока на все иные суда, окутанные дымом плоской наживы. Все-таки этот раз Грэй встретил вопросы в физиономиях; самый тупой матрос отлично знал, что нет надобности производить ремонт в русле лесной реки.

Пантен, конечно, сообщил им приказание Грэя; когда тот вошел, помощник его докуривал шестую сигару, бродя по каюте, ошалев от дыма и натыкаясь на стулья. Наступал вечер; сквозь открытый иллюминатор

through an open porthole and flared up the lacquered visor of the captain's cap.

"Everything is ready," Panten said grimly. "If you wish, we can raise the anchor now."

"You should have known me a bit better, Panten," Gray softly rebuked him. "There is no secret in what I am doing. As soon as we drop the anchor in the Liliana, I will tell you everything, and you won't waste so many matches on your cheap cigars. Move! It's time for takeoff."

Panten grinned embarrassingly and scratched his eyebrow.

"You are right," he said. "Not that I... mind."

When Panten left, Gray motionlessly stared at the half closed door for some time before going to his cabin. There he sat, then lay down, then sat up again; then, listening to the crackle of the ship's windlass rolling out a loud chain, he wanted to climb up the foredeck, but mused again and returned to his table, drawing with his finger a quick straight line on the oilcloth. A knock on door with a fist brought him out of his maniacal condition; he turned the key, letting Letika in. The seaman, panting heavily, bore the look of a messenger

торчала золотистая балка света, в которой вспыхнул лакированный козырек капитанской фуражки.

"Все готово," мрачно сказал Пантен. "Если хотите, можно поднимать якорь."

"Вы должны бы, Пантен, знать меня несколько лучше," мягко заметил Грэй. "Нет тайны в том, что я делаю. Как только мы бросим якорь на дно Лилианы, я расскажу все, и вы не будете тратить так много спичек на плохие сигары. Ступайте, снимайтесь с якоря."

Пантен, неловко усмехаясь, почесал бровь.

"Это, конечно, так," сказал он. "Впрочем, я ничего."

Когда он вышел, Грэй посидел несколько времени, неподвижно смотря в полуоткрытую дверь, затем перешел к себе. Здесь он то сидел, то ложился; то, прислушиваясь к треску брашпиля, выкатывающего громкую цепь, собирался выйти на бак, но вновь задумывался и возвращался к столу, черта по клеенке пальцем прямую быструю линию. Удар кулаком в дверь вывел его из маниакального состояния; оп повернул ключ, впустив Летику. Матрос, тяжело дыша, остановился с видом гонца, вовремя

who had just stopped an execution.

"'Hurry up, Letika, hurry up,' I said to myself when I saw from the pier our boys jiving around the windlass and spitting on their palms. I am eagle-eyed. And I flew. I breathed on the oarsman so hard that he broke into a nervous sweat. Captain, were you going to leave me on the shore?"

"Letika," Gray said, looking closely into his bloodshot eyes, "I expected your return no earlier than next morning. Did you pour cold water on the back of your head?"

"Yes. Not as much as I've gulped, but I did. It's done."

"Then speak out."

"No need to speak, captain, everything is written down here. Take it and read - I tried very hard. I will take my leave now."

"Where to?"

"I see by reproach in your eyes that I didn't pour enough cold water on my head."

He turned and walked out, moving strangely as if he was blind. Gray unfolded Letika's piece of paper; the pencil must have been curious as it was producing the sketch that resembled a

предупредившего казнь.

"'Летика, Летика,' сказал я себе," быстро заговорил он, "когда я с кабельного мола увидел, как танцуют вокруг брашпиля наши ребята, поплевывая в ладони. У меня глаз, как у орла. И я полетел; я так дышал на лодочника, что человек вспотел от волнения. Капитан, вы хотели оставить меня на берегу?"

"Летика," сказал Грэй, присматриваясь к его красным глазам, "я ожидал тебя не позже утра. Лил ли ты на затылок холодную воду?"

"Лил. Не столько, сколько было принято внутрь, но лил. Все сделано."

"Говори."

"Не стоит говорить, капитан; вот здесь все записано. Берите и читайте. Я очень старался. Я уйду."

"Куда?"

"Я вижу по укоризне глаз ваших, что еще мало лил на затылок холодной воды."

Он повернулся и вышел с странными движениями слепого. Грэй развернул бумажку; карандаш, должно быть, дивился, когда выводил по ней эти чертежи, напоминающие

rickety fence. That's what Letika had written: "Following the order. After seventeen hundred I walked down the street. The house has a gray roof, two windows on each side, and a garden. The person under surveillance came out twice, once to fetch water, and once to bring woodchips for the stove. As the darkness came, I threw a look in the window but saw nothing because of the curtains." Then followed some notes about her family matters, apparently obtained by Letika through some table talks in the tavern, since the memo ended somewhat surprisingly, with the words: "On account of the expenses, had to add some of my own to pay the bill.

But the substance of the report spoke only of what we already know of Soll from the first chapter. Gray put the paper in his desk, whistled for the watchman, and sent him for Panten, but boatswain Atwood showed up instead of the mate, pulling down his rolled-up sleeves.

"We have moored at the dam," he said. "Panten has sent me to find out what your next order will be. He is busy confronting some men with trumpets, drums, and other violins. Have you called them aboard *The Secret*? Panten has asked you to come up; he says his mind is foggy."

"Yes, Atwood," Gray said, "I have

расшатанный забор. Вот что писал Летика: "Сообразно инструкции. После пяти часов ходил по улице. Дом с серой крышей, по два окна сбоку; при нем огород. Означенная особа приходила два раза: за водой раз, за щепками для плиты два. По наступлении темноты проник взглядом в окно, но ничего не увидел по причине занавески." Затем следовало несколько указаний семейного характера, добытых Летикой, видимо, путем застольного разговора, так как меморий заканчивался, несколько неожиданно, словами: "В счет расходов приложил малость своих."

Но существо этого донесения говорило лишь о том, что мы знаем из первой главы. Грэй положил бумажку в стол, свистнул вахтенного и послал за Пантеном, но вместо помощника явился боцман Атвуд, обдергивая засученные рукава.

"Мы ошвартовались у дамбы," сказал он. "Пантен послал узнать, что вы хотите. Оп занят: на него напали там какие-то люди с трубами, барабанами и другими скрипками. Вы звали их на Секрет? Пантен просит вас прийти, говорит, у него туман в голове."

"Да, Атвуд," сказал Грэй, "я, точно,

invited the musicians aboard; go and tell them to gather in the crew quarters for now. I will figure out later where to put them. Atwood, tell them and the crew that I'll be on the deck in fifteen minutes. Gather them all; of course, you and Panten, too; I have something to say."

Atwood cocked his left eyebrow, stood sidelong by the door for a brief moment, and went out. Next ten minutes Gray spent with his face buried in his hands. He was not preparing himself for anything and counting upon nothing; he just wanted a few minutes of mental silence. Meanwhile, everybody waited for him, impatiently and with curiosity full of guesses. He went out and saw in their eyes an expectation of wonders; but as he himself viewed what was happening as quite natural, he felt a slight annoyance at seeing the tension in others' souls.

"It is nothing special," Gray said, sitting down on the bridge ladder. "We'll stay in the river channel until we'll change the rigging. You've seen the red silk that has been delivered... With help of sail-maker Blent we will make new sails for *The Secret*. Then we'll go, but where to, I won't say; in any case, it won't be far from here. I'm going for my wife. She is not my wife yet, but she will be. I need the crimson sails on my ship so that she could see us from a distance, as it was

звал музыкантов; подите, скажите им, чтобы шли пока в кубрик. Далее будет видно, как их устроить. Атвуд, скажите им и команде, что я выйду на палубу через четверть часа. Пусть соберутся; вы и Пантен, разумеется, тоже послушаете меня."

Атвуд взвел, как курок, левую бровь, постоял боком у двери и вышел. Эти десять минут Грэй провел, закрыв руками лицо; он ни к чему не приготовлялся и ничего не рассчитывал, но хотел мысленно помолчать. Тем временем его ждали уже все, нетерпеливо и с любопытством, полным догадок. Он вышел и увидел по лицам ожидание невероятных вещей, но так как сам находил совершающееся вполне естественным, то напряжение чужих душ отразилось в нем легкой досадой.

"Ничего особенного," сказал Грэй, присаживаясь на трап мостика. "Мы простоим в устье реки до тех пор, пока не сменим весь такелаж. Вы видели, что привезен красный шелк; из него под руководством парусного мастера Блента смастерят Секрету новые паруса. Затем мы отправимся, но куда — не скажу; во всяком случае, недалеко отсюда. Я еду к жене. Она еще не жена мне, но будет ею. Мне нужны алые паруса, чтобы еще

arranged between us. That's it. As you can see, there is nothing mysterious in this. And enough of this silliness."

"Yeah," Atwood said, seeing from the smiling faces of the crew that they were pleasantly puzzled but hesitant to speak. "So that's what's going on, captain... Who we are to judge, of course. So be it, as you wish. My congratulations!"

"Thank you!" Gray squeezed hard his boatswain's hand, but the latter, having made an incredible effort, responded with such a strong handshake that the captain yielded. After him, other crew members came forward, one after another, glancing with shy warmth and muttering congratulations. No one shouted cheers or made loud noises - the sailors felt something not quite that simple in the captain's curt speech. Panten sighed with relief and cheered up, the heaviness in his heart melted away. Only the ship's carpenter was displeased with something: listlessly shaking Gray's hand, he asked grimly, "How has this idea come into your mind, captain?"

"As a blow of your axe," Gray said. "Zimmer! Show me your guys."

The violinist, patting the other musicians on the back, pushed to the front seven

издали, как условлено с нею, она заметила нас. Вот и все. Как видите, здесь нет ничего таинственного. И довольно об этом."

"Да," сказал Атвуд, видя по улыбающимся лицам матросов, что они приятно озадачены и не решаются говорить. "Так вот в чем дело, капитан... Не нам, конечно, судить об этом. Как желаете, так и будет. Я поздравляю вас."

"Благодарю!" Грэй сильно сжал руку боцмана, но тот, сделав невероятное усилие, ответил таким пожатием, что капитан уступил. После этого подошли все, сменяя друг друга застенчивой теплотой взгляда и бормоча поздравления. Никто не крикнул, не зашумел — нечто не совсем простое чувствовали матросы в отрывистых словах капитана. Пантен облегченно вздохнул и повеселел — его душевная тяжесть растаяла. Один корабельный плотник остался чем-то недоволен: вяло подержав руку Грэя, он мрачно спросил: "Как это вам пришло в голову, капитан?"

"Как удар твоего топора," сказал Грэй. "Циммер! Покажи своих ребятишек."

Скрипач, хлопая по спине музыкантов, вытолкнул семь человек,

people dressed in an unkempt, sloppy manner.

"Here they are," Zimmer said, "this one is the trombone; he not just plays but fires, like from a cannon. These two beardless youngsters are trumpeters; as soon as they start, you'll feel like going to a war. Then there comes the clarinet, the cornet, and the second violin. All of them are great masters at following the sprightly star - that's me! And here is the boss of our merry band, Fritz, the drummer. Drummers, you know, usually have a disengaged look, but this one plays with dignity and passion. In his playing there is something open and straight as his drumsticks. Is it all put together alright, Captain Gray?"

"Perfect," Gray said. "We've set a place for everybody in the hold, which will be loaded this time with 'scherzos', 'adagios', and 'fortissimos'. Move now to your places. Panten, unmoor and sail off. I will replace you in two hours."

He did not notice the passing of these two hours because he spent them accompanied by the same inner music that never left his consciousness, just as the pulse never leaves the arteries. He thought of one thing, yearned for it, craved it. A man of action, in his thoughts he was ahead of events, regretting only that they could not be

одетых крайне неряшливо.

"Вот," сказал Циммер, "это – тромбон; не играет, а палит, как из пушки. Эти два безусых молодца – фанфары; как заиграют, так сейчас же хочется воевать. Затем кларнет, корнет-а-пистон и вторая скрипка. Все они – великие мастера обнимать резвую приму, то есть меня. А вот и главный хозяин нашего веселого ремесла – Фриц, барабанщик. У барабанщиков, знаете, обычно – разочарованный вид, но этот бьет с достоинством, с увлечением. В его игре есть что-то открытое и прямое, как его палки. Так ли все сделано, капитан Грэй?"

"Изумительно," сказал Грэй. "Всем вам отведено место в трюме, который на этот раз, значит, будет погружен разными 'скерцо', 'адажио' и 'фортиссимо'. Разойдитесь. Пантен, снимайте швартовы, трогайтесь. Я вас сменю через два часа."

Этих двух часов он не заметил, так как они прошли все в той же внутренней музыке, не оставлявшей его сознания, как пульс не оставляет артерий. Он думал об одном, хотел одного, стремился к одному. Человек действия, он мысленно опережал ход событий, жалея лишь о том, что ими нельзя двигать так же просто и скоро,

moved as easily and quickly as checkers on a chessboard. Nothing in his calm countenance spoke of the tension of his feelings, the roar of which - like a hum of a huge bell resounding overhead - raced through his entire body as a deafening, nervous moan. This brought him finally to the condition in which he began a mental count: "One, two...thirty..." and so on, until he reached one thousand. The exercise had its intended effect: he was able at last to look at his whole undertaking from a side. He was somewhat surprised that he could not picture Soll's personality, as he had never even talked to her. Gray had read somewhere that one could at least faintly understand a person if, fancying oneself to be that person, one mimicked his or her expression. Gray's eyes had already begun to take on an expression alien to them, and his mustachioed lips to curve into a weak, gentle smile, as, coming to his senses, he chortled and went up to replace Panten.

It was dark. Panten raised his jacket's collar and was walking around the compass, talking to the helmsman: "A quarter of a point to the left; left! Stop: a quarter more." *The Secret* was sailing half-rigged in fair winds.

"You know," Panten said to Gray, "I am

как шашками. Ничто в спокойной наружности его не говорило о том напряжении чувства, гул которого, подобно гулу огромного колокола, бьющего над головой, мчался во всем его существе оглушительным нервным стоном. Это довело его, наконец, до того, что он стал считать мысленно: "Один, два... тридцать..." и так далее, пока не сказал "тысяча". Такое упражнение подействовало: он был способен наконец взглянуть со стороны на все предприятие. Здесь несколько удивило его то, что он не может представить внутреннюю Ассоль, так как даже не говорил с ней. Он читал где-то, что можно, хотя бы смутно, понять человека, если, вообразив себя этим человеком, скопировать выражение его лица. Уже глаза Грэя начали принимать несвойственное им странное выражение, а губы под усами складываться в слабую, кроткую улыбку, как, опомнившись, он расхохотался и вышел сменить Пантена.

Было темно. Пантен, подняв воротник куртки, ходил у компаса, говоря рулевому: "Лево четверть румба; лево. Стой: еще четверть." Секрет шел с половиною парусов при попутном ветре.

"Знаете," сказал Пантен Грэю, "я

happy."

"With what?"

"The same thing you are happy with. See, I've solved your riddle. Right here, on the bridge." He winked slyly, lighting his smile with his pipe's fire.

"Well," Gray said, suddenly realizing what his mate was hinting at. "What riddle did you solve?"

"The best way to smuggle," Panten lowered his voice to a whisper. "One can have sails from any material one wants. You have a brilliant mind, Gray!"

"Poor Panten!" the captain consoled, not knowing whether to laugh or to get angry. "Your guess is witty but lacks any ground. Go to bed. I am giving you my word that you are wrong. I am doing exactly what I have said."

And Gray sent him off to bed, checked their course, and sat down. Now we will leave him, as he needs some time for himself.

доволен."

"Чем?"

"Тем же, чем и вы. Я все понял. Вот здесь, на мостике." Он хитро подмигнул, светя улыбке огнем трубки.

"Ну-ка," сказал Грэй, внезапно догадавшись, в чем дело, "что вы там поняли?"

"Лучший способ провезти контрабанду," шепнул Пантен. "Всякий может иметь такие паруса, какие хочет. У вас гениальная голова, Грэй!"

"Бедный Пантен!" сказал капитан, не зная, сердиться или смеяться. "Ваша догадка остроумна, но лишена всякой основы. Идите спать. Даю вам слово, что вы ошибаетесь. Я делаю то, что сказал."

Он отослал его спать, сверился с направлением курса и сел. Теперь мы его оставим, так как ему нужно быть одному.

6 SOLL LEFT ALONE

Longren spent the night at sea: he neither slept nor fished but sailed without any direction, listening to the lapping of the water, staring into the darkness, keeping his face up to the wind, and thinking. In the difficult hours of his life nothing cured his soul better than these lonely wanderings. Silence, only silence and solitude could help the feeblest and indistinct voices of his inner world sound clearly. That night he thought about their future, their poverty, and Soll. It was heartbreakingly difficult for him to leave her even for a short time; besides, he was afraid to resurrect the suppressed pain. Perhaps, having returned to service, he would imagine anew that his beloved one had never passed away, and, going back home, he would approach his house with the grief of hopeless expectation - Mary would never come out of the door again. But he was determined to take care of Soll, so

6 АССОЛЬ ОСТАЕТСЯ ОДНА

Лонгрен провел ночь в море; он не спал, не ловил, а шел под парусом без определенного направления, слушая плеск воды, смотря в тьму, обветриваясь и думая. В тяжелые часы жизни ничто так не восстанавливало силы его души, как эти одинокие блужданья. Тишина, только тишина и безлюдье — вот что нужно было ему для того, чтобы все самые слабые и спутанные голоса внутреннего мира зазвучали понятно. Эту ночь он думал о будущем, о бедности, об Ассоль. Ему было крайне трудно покинуть ее даже на время; кроме того, он боялся воскресить утихшую боль. Быть может, поступив на корабль, он снова вообразит, что там, в Каперне его ждет не умиравший никогда друг, и возвращаясь, он будет подходить к дому с горем мертвого ожидания. Мери никогда больше не выйдет из дверей дома. Но он хотел, чтобы у Ассоль было что есть, решив поэтому

he decided to do what had to be done.

When Longren returned, the girl was not yet home. Her early morning walks did not trouble her father; this time, however, he was waiting for her with a shade of anxiety. Pacing from one corner to another, he turned and suddenly saw Soll. Having entered swiftly and quietly, she appeared in front of Longren, almost scaring him by a radiant, exciting look in her eyes. As if she revealed her second, inner face; the true nature that could only be seen through someone's eyes. She kept silence, looking into Longren's face so incomprehensibly that he quickly asked, "Are you not feeling well?"

She did not answer right away. When the meaning of his question finally reached her soul, Soll shuddered, as a twig touched by a hand, and burst out in a long, even laughter of quiet celebration. Soll needed to reply something, but, as always, it did not matter much what exactly it would be; she said, "No, I am well... Why are you looking at me like that? I rejoice. That's right, I rejoice, because it is a very nice day today. And what have you got in mind? I can see on your face that you have come up with something."

"Whatever I might have thought up," Longren started, seating the girl on his

поступить так, как приказывает забота.

Когда Лонгрен вернулся, девушки еще не было дома. Ее ранние прогулки не смущали отца; на этот раз однако в его ожидании была легкая напряженность. Похаживая из угла в угол, он на повороте вдруг сразу увидел Ассоль; вошедшая стремительно и неслышно, она молча остановилась перед ним, почти испугав его светом взгляда, отразившего возбуждение. Казалось, открылось ее второе лицо — то истинное лицо человека, о котором обычно говорят только глаза. Она молчала, смотря в лицо Лонгрену так непонятно, что он быстро спросил: "Ты больна?"

Она не сразу ответила. Когда смысл вопроса коснулся наконец ее духовного слуха, Ассоль встрепенулась, как ветка, тронутая рукой, и засмеялась долгим, ровным смехом тихого торжества. Ей надо было сказать что-нибудь, но, как всегда, не требовалось придумывать — что именно; она сказала: "Нет, я здорова... Почему ты так смотришь? Мне весело. Верно, мне весело, но это оттого, что день так хорош. А что ты надумал? Я уж вижу по твоему лицу, что ты что-то надумал."

"Что бы я ни надумал," сказал Лонгрен, усаживая девушку на

lap, "you, I know, will understand my reasons. We are stone broke. I won't sail on a long trip; I will get a job on the mail steamer that goes between Kasset and Liss."

"Yes," she said distantly, trying to empathize with his worries and concerns, but horrified that she could not control her joy. "It's too bad. I will be lonely. Please come back sooner." As she was saying this, her face blossomed in an irrepressible smile. "Yes, come back as soon as possible, dear; I will be waiting for you."

"Soll!" Longren said, taking her face in his palms and turning it to himself. "Speak out! What has happened?"

She felt that she needed to ease his anxiety and, overcoming her jubilation, became serious and attentive; but her eyes still shone with a new life.

"Absolutely nothing," she said. "I was picking up nuts."

Longren would not have believed it, had he not been so busy with his thoughts. Their conversation took on a businesslike tone. The sailor told his daughter to pack up his bag, listed all needed items, and gave her some instructions.

"I'll be home in ten days; and you'll pawn

колени, "ты, я знаю, поймешь, в чем дело. Жить нечем. Я не пойду снова в дальнее плавание, а поступлю на почтовый пароход, что ходит между Кассетом и Лиссом."

"Да," издалека сказала она, силясь войти в его заботы и дело, но ужасаясь, что бессильна перестать радоваться. "Это очень плохо. Мне будет скучно. Возвратись поскорей." Говоря так, она расцветала неудержимой улыбкой. "Да, поскорей, милый; я жду."

"Ассоль!" сказал Лонгрен, беря ладонями ее лицо и поворачивая к себе. "Выкладывай, что случилось?"

Она почувствовала, что должна выветрить его тревогу, и, победив ликование, сделалась серьезно-внимательной, только в ее глазах блестела еще новая жизнь.

"Решительно ничего," сказала она. "Я собирала орехи."

Лонгрен не вполне поверил бы этому, не будь он так занят своими мыслями. Их разговор стал деловым и подробным. Матрос сказал дочери, чтобы она уложила его мешок; перечислил все необходимые вещи и дал несколько советов.

"Я вернусь домой дней через десять, а

my rifle and stay home. If someone would want to hurt you, just say, 'Longren will soon be back.' Do not think or worry about me; nothing bad will happen."

Then he ate, kissed his daughter firmly, and, having raised his bag on his shoulder, went out on the road to town. Soll followed him with her eyes until he hid around a bend in the road, and then she returned into the house. A chorus of housework called out to her, but she ignored it. With slight surprise she looked around as if she were already a stranger in this house, which was so cemented in her mind since her childhood that she seemed to have always carried it within herself; but now she perceived it as if she just came back after a few years' absence, when she lived a different life. But she felt something unworthy in her attitude, something that was not right. She sat down at the table, where Longren used to make his toys, and tried to glue a rudder to a stern; looking at these toys, she instinctively saw them life-sized and real; everything that had happened in the morning rose inside her once again with tremble of excitement, and the gold ring, as large as the sun, fell to her feet from across the sea.

Unable to sit inside, she left the house and went to Liss. She had absolutely

ты заложи мое ружье и сиди дома. Если кто захочет тебя обидеть, скажи: 'Лонгрен скоро вернется.' Не думай и не беспокойся обо мне; худого ничего не случится."

После этого он поел, крепко поцеловал девушку и, вскинув мешок за плечи, вышел на городскую дорогу. Ассоль смотрела ему вслед, пока он не скрылся за поворотом; затем вернулась. Немало домашних работ предстояло ей, но она забыла об этом. С интересом легкого удивления осматривалась она вокруг, как бы уже чужая этому дому, так влитому в сознание с детства, что, казалось, всегда носила его в себе, а теперь выглядевшему подобно родным местам, посещенным спустя ряд лет из круга жизни иной. Но что-то недостойное почудилось ей в этом своем отпоре, что-то неладное. Она села к столу, на котором Лонгрен мастерил игрушки, и попыталась приклеить руль к корме; смотря на эти предметы, невольно увидела она их большими, настоящими; все, что случилось утром, снова поднялось в ней дрожью волнения, и золотое кольцо, величиной с солнце, упало через море к ее ногам.

Не усидев, она вышла из дома и пошла в Лисе. Ей совершенно нечего

nothing to do there, she did not know why she walked there, but she could not stop. She met a pedestrian on the road who asked her for a direction to some place; she clearly explained to him where he needed to go and instantly forgot about this.

The entire long road went by unnoticed, as if Soll was carrying a bird that took up all of her tender attention. Nearing the town, she was slightly distracted by its noise, coming from its huge circle, but it had no more power over Soll as previously, when, frightening and intimidating her, it turned her into a silent coward. Now, she was able to confront it. With an equable gait, full of confidence, she slowly passed the ring-shaped boulevard, crossing the blue shades of the trees, glancing at the faces of passersby trustingly and freely. On this day, observant people noticed more than once an unfamiliar, strange looking girl, who walked in deep muse through the bright crowd. At the square, she put her hand into the fountain under a stream of water, playing with the backsplash of droplets; then she sat down, rested for a while, and returned to the forest road. She was walking back with refreshed soul, in peaceful and clear mood; it was similar to an evening river that had finally changed the mottled mirrors of the sunny day for the quiet glow of the shadows. Approaching the

было там делать; она не знала, зачем идет, но не идти – не могла. По дороге ей встретился пешеход, желавший разведать какое-то направление; она толково объяснила ему, что нужно, и тотчас же забыла об этом.

Всю длинную дорогу миновала она незаметно, как если бы несла птицу, поглотившую все ее нежное внимание. У города она немного развлеклась шумом, летевшим с его огромного круга, но он был не властен над ней, как раньше, когда, пугая и забивая, делал ее молчаливой трусихой. Она противостояла ему. Она медленно прошла кольцеобразный бульвар, пересекая синие тени деревьев, доверчиво и легко взглядывая на лица прохожих, ровной походкой, полной уверенности. Порода наблюдательных людей в течение дня замечала неоднократно неизвестную, странную на взгляд девушку, проходящую среди яркой толпы с видом глубокой задумчивости. На площади она подставила руку струе фонтана, перебирая пальцами среди отраженных брызг; затем, присев, отдохнула и вернулась на лесную дорогу. Обратный путь она сделала со свежей душой, в настроении мирном и ясном, подобно вечерней речке, сменившей, наконец, пестрые зеркала

village, she saw that same coalman who seemed to have seen his basket blooming; he stood beside his cart with two unfamiliar grim men; they were covered with soot and mud. Soll was glad to see him.

"Hello, Philip," she said, "what you doing here?"

"Nothing, midge. A wheel had fallen off; I have fixed it, and now I am having a smoke and talking with my friends. Where are you coming from?"

Soll did not answer.

"You know, Philip," she said, "I like you very much, so I can tell this only to you. I'll leave soon; maybe I'll leave forever. Do not tell anyone about it."

"Do you mean you want to go away? Where are you going to?" the coalman was so surprised that he held his mouth agape, thus making his beard looking even longer.

"I don't know." Soll slowly looked around the glade under the elm, where his cart stood - the green grass in the pink twilight, the black, silent coalmen; and, after a moment of reflection, she added, "I do not know the details. I know neither the day nor the hour, nor

дня ровным в тени блеском. Приближаясь к селению, она увидала того самого угольщика, которому померещилось, что у него зацвела корзина; он стоял возле повозки с двумя неизвестными мрачными людьми, покрытыми сажей и грязью. Ассоль обрадовалась.

"Здравствуй, Филипп," сказала она, "что ты здесь делаешь?"

"Ничего, муха. Свалилось колесо; я его поправил, теперь покуриваю да калякаю с нашими ребятами. Ты откуда?"

Ассоль не ответила.

"Знаешь, Филипп," заговорила она, "я тебя очень люблю, и потому скажу только тебе. Я скоро уеду; наверное, уеду совсем. Ты не говори никому об этом."

"Это ты хочешь уехать? Куда же ты собралась?" изумился угольщик, вопросительно раскрыв рот, отчего его борода стала длиннее.

"Не знаю." Она медленно осмотрела поляну под вязом, где стояла телега, — зеленую в розовом вечернем свете траву, черных молчаливых угольщиков и, подумав, прибавила: "Все это мне неизвестно. Я не знаю ни дня, ни часа и даже не знаю, куда.

even the place. I can't tell you anymore. So, just in case, farewell; you have often given me a lift."

She took his huge black hand and tried to give him a handshake. The coalman's face cracked in a quiescent smile. She nodded, turned, and walked off. The girl disappeared so quickly that Philip and his pals did not have a chance to turn their heads.

"What the heck was that?" the coalman asked, "go figure. Something is different with her today... strange."

"It's true," the second backed him. "Did she just talk or we've been talked into believing her? None of our business, anyway."

"It's none of our business," the third said, sighing. Then all three sat down into the cart and disappeared in the dust, as the wheels rattled over the rocky road.

Больше ничего не скажу. Поэтому, на всякий случай, – прощай; ты часто меня возил."

Она взяла огромную черную руку и привела ее в состояние относительного трясения. Лицо рабочего разверзло трещину неподвижной улыбки. Девушка кивнула, повернулась и отошла. Она исчезла так быстро, что Филипп и его приятели не успели повернуть голову.

"Чудеса," сказал угольщик," поди-ка, пойми ее. Что-то с ней сегодня... такое и прочее."

"Верно," поддержал второй, "не то она говорит, не то – уговаривает. Не наше дело."

"Не наше дело," сказал и третий, вздохнув. Затем все трое сели в повозку и, затрещав колесами по каменистой дороге, скрылись в пыли.

7 CRIMSON SECRET

It was an early morning hour: the vast forest was filled with a thin veil of mist, and strange chimeras danced in its haze. An unnamed hunter, who had just left his campfire, moved along the river; the sea shone through the trees with its airy emptiness, but the diligent hunter was busy with examination of fresh tracks of a bear that was heading for the mountains.

A sudden sound swept through the trees with the fury of a restless chase: it was the singing of a clarinet. The musician came out on the deck and played a tune, melancholic, long-drawn-out, and repetitive. The sound trembled like a voice, hiding grief; then it grew louder, smiled with sad modulations, and ended abruptly. A distant echo vaguely hummed the same tune.

The hunter, having marked bear's tracks with a broken twig, made his way to the water. The mist had not yet dissipated; it hid the outline of a large ship slowly turning to the mouth of the river. The

7 АЛЫЙ СЕКРЕТ

Был белый утренний час; в огромном лесу стоял тонкий пар, полный странных видений. Неизвестный охотник, только что покинувший свой костер, двигался вдоль реки; сквозь деревья сиял просвет ее воздушных пустот, но прилежный охотник не подходил к ним, рассматривая свежий след медведя, направляющийся к горам.

Внезапный звук пронесся среди деревьев с неожиданностью тревожной погони; это запел кларнет. Музыкант, выйдя на палубу, сыграл отрывок мелодии, полной печального, протяжного повторения. Звук дрожал, как голос, скрывающий горе; усилился, улыбнулся грустным переливом и оборвался. Далекое эхо смутно напевало ту же мелодию.

Охотник, отметив след сломанной веткой, пробрался к воде. Туман еще не рассеялся; в нем гасли очертания огромного корабля, медленно повертывающегося к устью реки. Его

ship's furled sails came to life, drooping in festoons, then getting unfurled and covering the masts with powerless shields of their huge folds; one could hear voices and footsteps. The off-shore wind, trying to blow, lazily pulled the sails; finally, the warmth of the sun produced the desired effect. The wind pressure intensified, blew off the fog, and spilled crimson shapes along the sailyards into the light - in roses. Pink shadows slid along the whiteness of the masts and rigging; everything was white except for the outstretched, windblown sails of the color of true joy.

The hunter, who was looking at the sea from the shore, rubbed his eyes for some time until he was sure that what he was seeing was real. The ship disappeared around a bend, but he still stood and stared, then shrugged in silence and went after his bear.

While *The Secret* went along the river, Gray stood at the rudder, not trusting it to the helmsman; he was afraid of shoals. Panten, recently shaven and grumpy, was meekly sitting beside his captain, in a new worsted suit and a new shiny cap. He still saw no connection between the scarlet decor and Gray's plans.

"Now," Gray said, "when my sails are glowing and the wind is strong, and my heart is more joyful than an elephant's at

свернутые паруса ожили, свисая фестонами, расправляясь и покрывая мачты бессильными щитами огромных складок; слышались голоса и шаги. Береговой ветер, пробуя дуть, лениво теребил паруса; наконец, тепло солнца произвело нужный эффект; воздушный напор усилился, рассеял туман и вылился по реям в легкие алые формы, полные роз. Розовые тени скользили по белизне мачт и снастей, все было белым, кроме раскинутых, плавно двинутых парусов цвета глубокой радости.

Охотник, смотревший с берега, долго протирал глаза, пока не убедился, что видит именно так, а не иначе. Корабль скрылся за поворотом, а он все еще стоял и смотрел; затем, молча пожав плечами, отправился к своему медведю.

Пока Секрет шел руслом реки, Грэй стоял у штурвала, не доверяя руля матросу — он боялся мели. Пантен сидел рядом, в новой суконной паре, в новой блестящей фуражке, бритый и смиренно надутый. Он по-прежнему не чувствовал никакой связи между алым убранством и прямой целью Грэя.

"Теперь," сказал Грэй, "когда мои паруса рдеют, ветер хорош, а в сердце моем больше счастья, чем у слона при

the sight of a small bun, I will try to attune you to my thoughts, as I promised to you in Liss. Please note: I do not think of you as a slowpoke or stubborn, no: you're an exemplary sailor, and this is worth a lot. But you, like most people, listen to the voices of all simple verities through the thick glass of common sense; they shout, but you will not hear them. I am doing something that is considered positively unattainable - a fairy tale, in essence - but what is, actually, as possible and attainable as a simple outing. Soon you will see a girl who cannot, must not get married in any other manner than the one which I am developing before your eyes."

He briefly told his mate what we already know well, concluding as follows: "Fate, willpower, and characters intertwined here very closely; I am going to the girl that is waiting for me, me only; and I do not want any other except her, maybe because I have realized one simple truth - and I owe it to her - you need to make the so-called miracles with your own hands. If somebody desires money more than anything else, it is not difficult to give him or her the money; but if one with all one's heart desires a miracle, then make this miracle come true for one if you can. That person will have a new soul and you will, too. When a warden

виде небольшой булочки, я попытаюсь настроить вас своими мыслями, как обещал в Лиссе. Заметьте – я не считаю вас глупым или упрямым, нет; вы образцовый моряк, а это много стоит. Но вы, как и большинство, слушаете голоса всех нехитрых истин сквозь толстое стекло жизни; они кричат, но, вы не услышите. Я делаю то, что существует, как старинное представление о прекрасном-несбыточном, и что, по существу, так же сбыточно и возможно, как загородная прогулка. Скоро вы увидите девушку, которая не может, не должна иначе выйти замуж, как только таким способом, какой развиваю я на ваших глазах."

Он сжато передал моряку то, о чем мы хорошо знаем, закончив объяснение так: "Вы видите, как тесно сплетены здесь судьба, воля и свойство характеров; я прихожу к той, которая ждет и может ждать только меня, я же не хочу никого другого, кроме нее, может быть именно потому, что благодаря ей я понял одну нехитрую истину. Она в том, чтобы делать так называемые чудеса своими руками. Когда для человека главное – получать дражайший пятак, легко дать этот пятак, но, когда душа таит зерно пламенного растения – чуда, сделай ему это чудо, если ты в состоянии.

releases a prisoner by his own free will; when a millionaire gives his clerk a villa, an operetta girl, and a safety deposit box; when at least once a jockey holds back his horse to let another horse, which never had luck, outrun - then everyone will understand how inexpressibly wonderful it is to give gifts. But there are no lesser miracles: a smile, joy, forgiveness, and the right word timely uttered. To possess this skill means to own the world. As for me, our beginning - Soll's and mine - will remain forever with us in a crimson gleam of sails, made possible by the sensitive heart that knows what the love is. Have you understood me?"

"Yes, captain." Panten grunted, wiping his mustache with a clean, neatly folded handkerchief. "I have understood everything. I'm moved. I will go to see Niks and apologize for berating him yesterday for a sunken bucket. And I will give him some tobacco--he had lost his at cards."

Before Gray could think of anything to say, somewhat surprised at the quick practical result of his words, Panten had thundered down the ladder and sighed somewhere in the distance. Gray looked up over his shoulder; the crimson sails surged in silence above him; their seams shone as magenta smoke in the sun. *The*

Новая душа будет у него и новая у тебя. Когда начальник тюрьмы сам выпустит заключенного, когда миллиардер подарит писцу виллу, опереточную певицу и сейф, а жокей хоть раз попридержит лошадь ради другого коня, которому не везет, — тогда все поймут, как это приятно, как невыразимо чудесно. Но есть не меньшие чудеса: улыбка, веселье, прощение, и — вовремя сказанное, нужное слово. Владеть этим — значит владеть всем. Что до меня, то наше начало — мое и Ассоль — останется нам навсегда в алом отблеске парусов, созданных глубиной сердца, знающего, что такое любовь. Поняли вы меня?"

"Да, капитан." Пантен крякнул, вытерев усы аккуратно сложенным чистым платочком. "Я все понял. Вы меня тронули. Пойду я вниз и попрошу прощения у Никса, которого вчера ругал за потопленное ведро. И дам ему табаку — свой он проиграл в карты."

Прежде чем Грэй, несколько удивленный таким быстрым практическим результатом своих слов, успел что-либо сказать, Пантен уже загремел вниз по трапу и где-то отдаленно вздохнул. Грэй оглянулся, посмотрев вверх; над ним молча рвались алые паруса; солнце в их швах

Secret was heading to the open sea, away from the shore. There was no doubt in Gray's singing soul, no surd thumps of anxiety, no worry over petty concerns; as evenly as a sail he was striving for his delightful goal, and his head was full of the thoughts that run ahead of words.

By noon the smoke of a warship appeared on the horizon. The cruiser changed its course and from a distance of a half-mile raised the signal: "Heave!"

"My friends," Gray said to the crew, "fear not, they won't fire; they simply cannot believe their eyes." He ordered to go adrift. Panten, shouting like on fire, turned *The Secret* out of the wind. The ship stopped, while a steam launch with soldiers and lieutenant in white gloves darted off from the cruiser towards them; the lieutenant, stepping up on the deck of the ship, looked around in amazement and followed Gray to his cabin, from there, an hour later, he sailed off back to his blue cruiser, waving his hand strangely and smiling as if he had just received a promotion. Apparently, with him Gray had more success than with simpleton Panten, because the cruiser, after a pause, blasted the horizon with a powerful volley, whose rushing bursts of smoke pierced the air in large glittering balls and slowly dissipated over

сияло пурпурным дымом. Секрет шел в море, удаляясь от берега. Не было никаких сомнений в звонкой душе Грэя – ни глухих ударов тревоги, ни шума мелких забот; спокойно, как парус, рвался он к восхитительной цели; полный тех мыслей, которые опережают слова.

К полудню на горизонте показался дымок военного крейсера, крейсер изменил курс и с расстояния полумили поднял сигнал – "лечь в дрейф!"

"Братцы," сказал Грэй матросам, "нас не обстреляют, не бойтесь; они просто не верят своим глазам." Он приказал дрейфовать. Пантен, крича как на пожаре, вывел Секрет из ветра; судно остановилось, между тем как от крейсера помчался паровой катер с командой и лейтенантом в белых перчатках; лейтенант, ступив на палубу корабля, изумленно оглянулся и прошел с Грэем в каюту, откуда через час отправился, странно махнув рукой и улыбаясь, словно получил чин, обратно к синему крейсеру. По-видимому, этот раз Грэй имел больше успеха, чем с простодушным Пантеном, так как крейсер, помедлив, ударил по горизонту могучим залпом салюта, стремительный дым которого, пробив воздух огромными сверкающими мячами, развеялся

the quiet water. All day long, a kind of semi-festive torpor reigned onboard the cruiser; the seamen's mood was not conducive to work; talks about love took place everywhere, from the saloon to the engine hold; a watchman of the mine section asked a passing seaman, "Tom, how did you get married?" - "I caught her by the skirt when she tried to jump out of my window," Tom answered and proudly twirled his mustache.

For some time, *The Secret* sailed through the empty sea with no shore in sight; the distant shoreline opened up by noon. Gray stared at Kaperna through binoculars. If not for a row of roofs, he would have seen Soll sitting with a book through the window of her house. She was reading; a greenish beetle was crawling across her page, stopping and rising up on its front legs with an independent and tamed look. It had already been patiently blown off to the windowsill twice, from where the beetle came back as trustfully and freely, as if it wanted to say something. This time it managed to saunter almost to the girl's hand, which was holding the corner of a page. Here it stuck on the word "look", hesitated, as if waiting for a new flurry, and barely escaped trouble as Soll had already given a cry, "You again, you little bug..." and wanted to decisively blow the guest away into the grass, but suddenly

клочьями над тихой водой. Весь день на крейсере царило некое полупраздничное остолбенение; настроение было неслужебное, сбитое – под знаком любви, о которой говорили везде – от салона до машинного трюма, а часовой минного отделения спросил проходящего матроса: "Том, как ты женился?" - "Я поймал ее за юбку, когда она хотела выскочить от меня в окно," сказал Том и гордо закрутил ус.

Некоторое время Секрет шел пустым морем, без берегов; к полудню открылся далекий берег. Взяв подзорную трубу, Грэй уставился на Каперну. Если бы не ряд крыш, он различил бы в окне одного дома Ассоль, сидящую за какой-то книгой. Она читала; по странице полз зеленоватый жучок, останавливаясь и приподнимаясь на передних лапах с видом независимым и домашним. Уже два раза был он без досады сдунут на подоконник, откуда появлялся вновь доверчиво и свободно, словно хотел что-то сказать. На этот раз ему удалось добраться почти к руке девушки, державшей угол страницы; здесь он застрял на слове "смотри", с сомнением остановился, ожидая нового шквала, и, действительно, едва избег неприятности, так как Ассоль уже воскликнула: "Опять жучишка... дурак!.." и хотела решительно сдуть

her random gaze, wandering from one rooftop to another, discovered in the glimpses of the blue sea a white ship with crimson sails.

She started, leaned back, and stopped for a moment, then abruptly jumped up to her feet with her brashly sinking heart, and burst into irrepressible tears of spiritual turmoil. At this moment *The Secret* was rounding a small cape, with its left side towards the shore; soft music was pouring into the blue water from the white deck under the fire of the crimson silk; its rhythmic musical modulations could be conveyed, though not quite successfully, by the words known to all: "Fill up, fill up your glasses. Let's drink, my friends, to love..." Excitement spread out and rumbled in the simplicity of the tune.

Not aware of how she had left the house, Soll ran to the sea, carried away by the irresistible wind of the event; at the first bend of the road she stopped almost exhausted; her legs were giving way, she was out of breath, her consciousness hung by a thread. Beside herself from fear of losing her courage, she stamped her foot and recovered. From time to time a roof or a fence hid the scarlet sails from her sight; then, afraid if they had disappeared as a mere mirage, she hurried to pass the painful obstacle, and,

гостя в траву, но вдруг случайный переход взгляда от одной крыши к другой открыл ей на синей морской щели уличного пространства белый корабль с алыми парусами.

Она вздрогнула, откинулась, замерла; потом резко вскочила с головокружительно падающим сердцем, вспыхнув неудержимыми слезами вдохновенного потрясения. Секрет в это время огибал небольшой мыс, держась к берегу углом левого борта; негромкая музыка лилась в голубом дне с белой палубы под огнем алого шелка; музыка ритмических переливов, переданных не совсем удачно известными всем словами: "Налейте, налейте бокалы — и выпьем, друзья, за любовь…" В ее простоте, ликуя, развертывалось и рокотало волнение.

Не помня, как оставила дом, Ассоль бежала уже к морю, подхваченная неодолимым ветром события; на первом углу она остановилась почти без сил; ее ноги подкашивались, дыхание срывалось и гасло, сознание держалось на волоске. Вне себя от страха потерять волю, она топнула ногой и оправилась. Временами то крыша, то забор скрывали от нее алые паруса; тогда, боясь, не исчезли ли они, как простой призрак, она торопилась миновать мучительное

seeing the ship again, stopped for a moment to catch her breath with relief.

Meanwhile, Kaperna was so confused, agitated, and disturbed that it could be compared to the effect of the strongest earthquakes. Never before such a large ship had come to this bank. The ship had the very same sales, the name of which sounded as a mockery; now the sails were glowing clearly and incontrovertibly with the innocence of a fact disproving all notions of the existence and common sense. Men, women, and children hastily rushed to the beach in whatever clothes they wore at the moment; villagers shouted to each other over their fences, bumped into each other, screamed, and fell down; a crowd soon gathered at the water, and Soll brashly ran into its center. Before she came, her name was thrown around with nervous and sullen contempt, with angry fright. The men talked the most; the stunned women sobbed in constrained, snake-like hisses, but if one began to rattle - her poison reached people's minds. As soon as Soll appeared, everyone went silent and moved away from her in fear. She remained alone amid emptiness of the scorching sand - confused, shamed, happy, with a face no less crimson than her miracle, helplessly stretching her hands towards the tall ship.

препятствие и, снова увидев корабль, останавливалась облегченно вздохнуть.

Тем временем в Каперне произошло такое замешательство, такое волнение, такая поголовная смута, какие не уступят аффекту знаменитых землетрясений. Никогда еще большой корабль не подходил к этому берегу; у корабля были те самые паруса, имя которых звучало как издевательство; теперь они ясно и неопровержимо пылали с невинностью факта, опровергающего все законы бытия и здравого смысла. Мужчины, женщины, дети впопыхах мчались к берегу, кто в чем был; жители перекликались со двора в двор, наскакивали друг на друга, вопили и падали; скоро у воды образовалась толпа, и в эту толпу стремительно вбежала Ассоль. Пока ее не было, ее имя перелетало среди людей с нервной и угрюмой тревогой, с злобным испугом. Больше говорили мужчины; сдавленно, змеиным шипением всхлипывали остолбеневшие женщины, но если уж которая начинала трещать — яд забирался в голову. Как только появилась Ассоль, все смолкли, все со страхом отошли от нее, и она осталась одна средь пустоты знойного песка, растерянная, пристыженная, счастливая, с лицом не менее алым,

A boat sailed off from the ship full of tanned oarsmen; among them stood the one, whom she now seemed to have known, to have vaguely remembered since her childhood. He was looking at her with a smile that warmed and urged her. But Soll was assailed by thousands of last-minute fears; she was desperately afraid of any errors, misunderstandings, mysterious and harmful obstacles; so she rushed into the warm, swaying waves, having plunged up to the waist, and shouted, "I'm here, I'm here! That's me!"

Then Zimmer raised his fiddle-bow, and the same melody struck the nerves of the crowd, but this time in a full, triumphant choir. From excitement, as well as from movement of waves and clouds, glitter of the water and of the expanse, the girl could barely discern what exactly was moving: she herself, the boat, or the ship; everything was in motion, was whirling, and falling.

An oar sharply splashed water near her; she raised her head. Gray bent down, and her hands gripped his belt. Soll shut her eyes; then, quickly opening them, she bravely smiled into his radiant face, and, breathing laboriously, said "Exactly the one."

"And you, too, my dear!" Gray said,

чем ее чудо, беспомощно протянув руки к высокому кораблю.

От него отделилась лодка, полная загорелых гребцов; среди них стоял тот, кого, как ей показалось теперь, она знала, смутно помнила с детства. Он смотрел на нее с улыбкой, которая грела и торопила. Но тысячи последних смешных страхов одолели Ассоль; смертельно боясь всего — ошибки, недоразумений, таинственной и вредной помехи — она вбежала по пояс в теплое колыхание волн, крича: "Я здесь, я здесь! Это я!"

Тогда Циммер взмахнул смычком — и та же мелодия грянула по нервам толпы, но на этот раз полным, торжествующим хором. От волнения, движения облаков и волн, блеска воды и дали девушка почти не могла уже различать, что движется: она, корабль или лодка — все двигалось, кружилось и опадало.

Но весло резко плеснуло вблизи нее; она подняла голову. Грэй нагнулся, ее руки ухватились за его пояс. Ассоль зажмурилась; затем, быстро открыв глаза, смело улыбнулась его сияющему лицу и, запыхавшись, сказала: "Совершенно такой."

"И ты тоже, дитя мое!" вынимая из

pulling out of the water his wet prize. "Here I am at last. Have you recognized me?"

She nodded, holding onto his belt, with a renewed soul and eyes closed in awe. Happiness curled inside her as a fluffy kitten. When Soll dared to open her eyes, the rocking of the boat, the brilliance of the waves, the approaching, forcefully swaying, side of *The Secret* - all was her dream, where the light and the water rocked up, whirling, like a play of sunspots on a sun-lighted wall. Not remembering how, she climbed the ladder with the help of Gray's strong arms. The deck, decorated with hung carpets and covered by the crimson splashing of the sails, was like a heavenly garden. And soon Soll saw herself standing in a cabin - in a room which was better than any other she had ever imagined.

Once again the great music descended from above, stirring hearts and making them sink by its triumphant cry. Soll shut her eyes, afraid that all this would disappear if she continued looking. Gray took her hands, and, knowing already where she could safely go, she buried her wet from tears face on the chest of her friend, who had appeared so magically. Gently, but with a smile, because he, too, was surprised and stunned by the coming of the ineffably, precious moment, Gray

воды мокрую драгоценность, сказал Грэй. "Вот, я пришел. Узнала ли ты меня?"

Она кивнула, держась за его пояс, с новой душой и трепетно зажмуренными глазами. Счастье сидело в ней пушистым котенком. Когда Ассоль решилась открыть глаза, покачиванье шлюпки, блеск волн, приближающийся, мощно ворочаясь, борт Секрета, – все было сном, где свет и вода качались, кружась, подобно игре солнечных зайчиков на струящейся лучами стене. Не помня – как, она поднялась по трапу в сильных руках Грэя. Палуба, крытая и увешанная коврами, в алых выплесках парусов, была как небесный сад. И скоро Ассоль увидела, что стоит в каюте – в комнате, которой лучше уже не может быть.

Тогда сверху, сотрясая и зарывая сердце в свой торжествующий крик, вновь кинулась огромная музыка. Опять Ассоль закрыла глаза, боясь, что все это исчезнет, если она будет смотреть. Грэй взял ее руки и, зная уже теперь, куда можно безопасно идти, она спрятала мокрое от слез лицо на груди друга, пришедшего так волшебно. Бережно, но со смехом, сам потрясенный и удивленный тем, что наступила невыразимая,

raised up her face, long dreamed of by him, and the girl's eyes opened wide at last; the very best of human nature shone in them.

"Will you take my Longren with us?" she said.

"Yes." And he kissed her so firmly after his iron "yes" that she laughed.

Now we will leave them, as they should be alone. There are many words in the world spoken in different languages and dialects, but all of them, even remotely, cannot relate what they said to each other that day.

Meanwhile, the whole crew had been waiting on the deck at the mainmast, near the worm-eaten barrel, whose knocked-off top revealed a century-old dark grace. Atwood stood; Panten sat primly, contented as a newborn. Gray climbed up on the deck, waved to the orchestra, and, taking off his cap, dipped a faceted glass into the holy wine to the song of the golden horns. "There you are," he whooped, emptying and tossing down his glass. "Now drink! Everybody, drink! Anyone who does not drink is an enemy to me."

He did not have to repeat his words. As *The Secret* sailed off at full speed, under

недоступная никому драгоценная минута, Грэй поднял за подбородок вверх это давным-давно пригрезившееся лицо, и глаза девушки, наконец, ясно раскрылись. В них было все лучшее человека.

"Ты возьмешь к нам моего Лонгрена?" сказала она.

"Да." И так крепко поцеловал он ее вслед за своим железным "да", что она засмеялась.

Теперь мы отойдем от них, зная, что им нужно быть вместе одним. Много на свете слов на разных языках и разных наречиях, но всеми ими, даже и отдаленно, не передашь того, что сказали они в день этот друг другу.

Меж тем на палубе у гротмачты, возле бочонка, изъеденного червем, с сбитым дном, открывшим столетнюю темную благодать, ждал уже весь экипаж. Атвуд стоял; Пантен чинно сидел, сияя, как новорожденный. Грэй поднялся вверх, дал знак оркестру и, сняв фуражку, первый зачерпнул граненым стаканом, в песне золотых труб, святое вино. "Ну, вот…" сказал он, кончив пить, затем бросил стакан. "Теперь пейте, пейте все; кто не пьет, тот враг мне."

Повторить эти слова ему не пришлось. В то время, как полным

full sail, away from forever horrified Kaperna, the crowd that gathered around the barrel exceeded those at the famous festivals.

"How did you like the wine?" Gray asked Letika.

"Well," the seaman said, searching for words, "I don't know whether it liked me, but, as to me, I need to think about my impression. Beehive and fruit!"

"What?!"

"I imply that I feel like having a beehive and a fruit in my mouth. Be happy, captain. And make her, whom I would call the "best cargo", The Secret's best prize, happy!

By the following dawn the ship was far from Kaperna. Part of the crew fell asleep on the deck, overcome by Gray's wine; only the helmsman and the watchman were awake, along with thoughtful and drunk Zimmer, who sat on the stern with the neck of his cello at his chin. He quietly moved his fiddle-bow across the strings, making them speak in an enchanting, ethereal voice, and thought of happiness...

ходом, под всеми парусами уходил от ужаснувшейся навсегда Каперны Секрет, давка вокруг бочонка превзошла все, что в этом роде происходит на великих праздниках.

"Как понравилось оно тебе?" спросил Грэй Летику.

"Капитан!" сказал, подыскивая слова, матрос. "Не знаю, понравился ли ему я, но впечатления мои нужно обдумать. Улей и сад!"

"Что?!"

"Я хочу сказать, что в мой рот впихнули улей и сад. Будьте счастливы, капитан. И пусть счастлива будет та, которую "лучшим грузом" я назову, лучшим призом Секрета!"

Когда на другой день стало светать, корабль был далеко от Каперны. Часть экипажа как уснула, так и осталась лежать на палубе, поборотая вином Грэя; держались на ногах лишь рулевой да вахтенный, да сидевший на корме с грифом виолончели у подбородка задумчивый и хмельной Циммер. Он сидел, тихо водил смычком, заставляя струны говорить волшебным, неземным голосом, и думал о счастье…

ABOUT THE AUTHOR

Alexander Grin (born Alexander Grinevsky, 1880-1932) was a Russian author, famous for his romantic novels and short stories about the sea, adventure, and love. He had a difficult fate. Grin was a sailor, gold miner, construction worker, woodcutter, actor, office clerk, and hunter... but he was always hoping to be a writer. He began his literary career as an author of short stories, the themes and subjects of which he took directly from the reality surrounding him, from experience he accumulated during his years of sailing the world.

Most of his larger works were penned in the post-revolutionary period. He became very popular in Petrograd (now St. Petersburg) in the 1920s. *Crimson Sails* is one of his most notable novels, a story that asserts the power of love and the belief that a man in pursuit of happiness can create wonders with his own hands. By the end of the 1920s, the romantic direction of Grin's work came into confrontation with Soviet mainstream literature. Publishers stopped taking his books. There was no money, no assistance, and Grin became ill and died from malnutrition. He never knew that his real glory was yet to come. In the 1960s, in the wake of a new romantic upsurge in Russia, Grin became one of the most published and respected local authors--the idol of young readers. This love has not faded even now. Grin's novels are remarkable for his powerful writing style, unique in the entirety of the Russian literature. His prose is very poetic with astonishing metaphors and vivid vocabulary.

Grin's works are poorly known outside of Russia.

www.ingramcontent.com/pod-product-compliance
Lightning Source LLC
LaVergne TN
LVHW061327060426
835511LV00012B/1904